LANCER SON ENTREPRISE

Couverture : **PodToDigital**

Mike M.Miller

LANCER SON ENTREPRISE

La chance de rater sa carrière d'employé pour une carrière d'employeur

Table des matières

Introduction

Permettez-moi de vous guider dans le monde passionné de l'entrepreneuriat, où les opportunités sont vastes et les limites sont repoussées. Je m'appelle Mike M. Miller, un passionné par l'exploration de l'esprit humain et déterminé à partager mon expérience pour vous aider à saisir votre chance d'évaluer votre carrière d'employé pour embrasser une carrière d'employeur.

Depuis mon plus jeune âge, j'ai été fasciné par les mystères de l'esprit humain. J'ai plongé dans l'étude des théories psychologiques, cherchant à comprendre les motivations, les aspirations et les émotions qui animent chacun de nous. Au fil des années, j'ai découvert que cette connaissance profonde de la nature humaine pouvait être non seulement appliquée à ma propre vie, mais également à celle des autres.

Fort de cette compréhension approfondie, j'ai pu aider de nombreuses personnes à surmonter leurs difficultés émotionnelles et à trouver un équilibre intérieur. J'ai été témoin de la résilience des âmes brisées se reconstruisant et des esprits égarés retrouvant leur voie. Ma conviction profonde est que chaque individu possède une force intérieure, une capacité à se développer et à vivre une vie épanouissante et harmonieuse.

Cependant, ma passion ne se limite pas à l'exploration de l'esprit humain. Je suis également un fervent défenseur de la technologie blockchain et de son potentiel révolutionnaire dans les industries de l'art et de la création. Je crois que cette technologie ouvre de nouvelles perspectives, offrant à chacun la possibilité d'exprimer sa créativité et de donner vie à ses idées les plus audacieuses. Elle permet de décentraliser le pouvoir, de redonner aux artistes et aux créateurs le contrôle sur leur propre destin.

Animé par cette passion pour l'exploration de l'esprit humain et l'innovation technologique, j'ai pris la décision de partager mon expérience à travers ce livre. Il ne s'agit pas seulement d'un guide pratique, mais d'un récit authentique de mon parcours entrepreneurial, avec ses hauts et ses bas. Je souhaite vous inspirer et vous motiver à poursuivre vos propres rêves d'entrepreneuriat, en partageant mes réussites, mes échecs et les leçons inestimables que j'ai apprises en cours de route.

Au-delà des conseils pratiques et des stratégies commerciales, je veux établir une connexion émotionnelle avec vous, cher lecteur. Je veux que vous ressentiez ma passion, ma détermination et ma conviction profonde que vous aussi, vous êtes capable de réaliser vos rêves d'entrepreneuriat.

Préparez-vous à être inspiré, à être motivé et à être transformé. Ce livre est bien plus qu'une simple lecture informative, c'est un voyage intérieur qui vous emmènera au-delà de vos limites, vers un monde où tout est possible.

Ensemble, nous surmonterons les obstacles, nous embrasserons les défis et nous réaliserons nos rêves. Je suis là pour vous guider sur la voie de l'entrepreneuriat, en vous fournissant les outils, les connaissances et l'inspiration nécessaires pour bâtir votre propre entreprise prospère.

Bienvenue dans cet excitant voyage vers une carrière d'employeur, où vous aurez la chance de saisir votre destin et de créer une vie professionnelle qui vous inspire et vous comble de bonheur.

1ère Partie

PASSER DE L'IDEE AU PROJET DE CREATION D'ENTREPRISE

Développer son idée pour en faire un véritable projet

Votre idée d'entreprise est la chose la plus importante dans votre démarrage

Il peut y avoir de nombreux aspects différents qui contribuent au succès de votre startup, mais aucun n'est plus important que votre idée d'entreprise. Dans ce chapitre, je vais vous expliquer pourquoi c'est le cas.

La simple définition du mot entreprise met en évidence l'importance de l'idée.

"Une organisation ou un système économique où des biens et des services sont échangés les uns contre les autres ou contre de l'argent."

Au cœur de chaque entreprise, se trouve un produit ou un service. C'est le levier pour persuader les autres de vous donner de l'argent en échange de vos services.

Il est facile de dire que derrière chaque produit ou service vendu se cache une idée.

Maintenant, certaines idées sont meilleures que d'autres et j'y reviendrai sous peu. Mais, l'essence de l'idée fait tout avancer. L'idée d'entreprise crée une raison d'investir et crée également des ventes et des bénéfices.

Avec les ventes et les bénéfices, il est possible d'investir dans davantage de produits et de services, ce qui permet à l'entreprise de se développer. C'est l'essence pure du capitalisme.

Cela dit, si vous avez une mauvaise idée, vous êtes plus susceptible de faire face à la concurrence. À son tour, cela entraînera une réduction des ventes et des bénéfices, ce qui signifie que l'entreprise est moins susceptible de se développer et peut avoir du mal à survivre.

Vous voyez, nous avons des milliers d'exemples tout autour de nous.

Qu'il s'agisse d'un produit dans votre maison ou d'un service que vous avez utilisé. Tous ces produits et services ont vu le jour comme une idée.

Quel que soit le produit, l'idée vous a inspiré pour faire un achat. Considérez cela une seconde.

L'inspiration dont je parle peut être une solution à un problème ou un moyen de vous faciliter la vie. En fin de compte, vous avez dépensé de l'argent pour cela.

Malheureusement, le monde des affaires est beaucoup plus difficile que vous ne le pensez. Les clients sont beaucoup plus inconstants que vous ne le pensez. Vous ne pouvez pas faire ce que font toutes les autres entreprises, la vie ne fonctionne pas comme ça.

Pour surmonter ce problème, d'autres facteurs entrent en jeu et peuvent confirmer la qualité de votre idée :

- **Produit ou service monopolistique**

Un produit ou service monopolistique vient d'une idée à laquelle personne d'autre n'a pensé. Idéalement, il devrait s'agir d'un produit ou d'un service difficile ou impossible à copier pour les autres.

La concurrence des autres entreprises ne fait qu'une chose, réduire les profits.

Cela dit, les entreprises monopolistiques ne doivent pas nécessairement être un autre Google ou Facebook. Loin de là. Si vous aimez le bricolage et visitez une ville qui n'en a pas, alors vous avez l'opportunité parfaite pour une entreprise monopolistique !

Mais attention. N'oubliez pas que si un marché a une faible barrière à l'entrée, d'autres suivront sûrement. Par faibles barrières à l'entrée, j'entends un faible coût ou des connaissances partagées.

- **Y a-t-il une demande ?**

De nombreuses idées d'inspiration deviennent de mauvaises idées commerciales en raison de notre parti pris envers l'idée.

« Après tout, si c'était mon idée, ça devait être une excellente idée. Les gens vont adorer et payer beaucoup d'argent pour cela ». Haha, si seulement.

Ne suivez pas le biais de confirmation, faites votre étude de marché. Vous avez peut-être une bonne idée, mais si vous ne trouvez pas de clients potentiels, en tant qu'entreprise, c'est un canard mort. Savoir s'il y a une demande est crucial pour valider votre idée.

Comment transformer une idée en entreprise en 6 étapes faciles

Toutes les bonnes idées ne se transforment pas en une structure commerciale fonctionnelle et durable. Les statistiques sont assez inquiétantes. Près de 90% des startups échouent et personne ne veut faire partie de cette tendance.

Comment démarrer une entreprise qui profitera aux clients cible et n'épuisera pas vos ressources ? Pour vous assurer qu'une idée d'entreprise n'est pas simplement une autre bulle de tendance, vous devez élaborer un plan d'affaires. Jeter les bases et identifier les étapes du démarrage d'une entreprise vous rapprochera de vos objectifs.

Commencez par un remue-méninge sur une feuille de papier. Plus vous écrivez de pensées et d'idées, mieux c'est. Créez ensuite un plan d'affaires solide pour votre produit ou service et décomposez-le en sections. Je pense que les étapes suivantes pour démarrer une entreprise vous aideront à concrétiser votre idée.

- **La concurrence**

Avant que vous ne lisiez ce livre, vos concurrents potentiels s'étaient également demandé : « *De quoi ai-je besoin pour démarrer une entreprise ?* » Vous pouvez apprendre beaucoup de leur expérience. Observer vos concurrents à l'échelle mondiale est votre première étape vers le succès. Faites attention à leurs victoires et leurs erreurs. Cela vous aidera à évaluer votre idée et à façonner le bon modèle commercial.

L'analyse des concurrents est une méthode de recherche et d'évaluation des entreprises opérant dans un segment de marché particulier. Cela peut vous donner des indices sur des questions telles que quand démarrer une entreprise ? pourquoi créer une entreprise ? etc.

L'analyse SWOT est généralement utilisée pour examiner un paysage concurrentiel aux étapes préliminaires de l'étude de marché. Il s'agit d'une méthode de planification structurée qui évalue les forces, les faiblesses, les opportunités et les menaces d'une entité commerciale, d'un projet ou d'une idée.

Les forces et les faiblesses font référence à des facteurs internes. Les opportunités et les menaces sont externes.

Commencez par analyser les points forts de votre entreprise. Ce sont des points qui vous donnent un avantage concurrentiel. Par exemple, l'emplacement de l'entreprise, le budget, la capacité des services professionnels, etc. Vos faiblesses sont les facteurs qui vous désavantagent par rapport à un autre propriétaire d'entreprise. Par exemple, le risque financier dans votre plan d'affaires, le roulement du personnel, les segments de marché à risque, etc. Avoir de nombreuses faiblesses ne signifie pas qu'une entreprise échoue. Cela signifie simplement que vous êtes conscient de vos inconvénients et que vous pouvez les gérer efficacement.

Ensuite, passez à vos opportunités. Les opportunités ne doivent pas être confondues avec les forces.

Les forces sont les ressources ou les capacités en temps réel qu'une nouvelle entreprise utilise pour réussir. Les opportunités sont des situations favorables et hypothétiques qui ont de fortes chances de se produire dans votre environnement professionnel. De même, les menaces sont des facteurs potentiels qui peuvent présenter un défi pour votre propre entreprise.

Une analyse SWOT aide les entreprises à comprendre comment elles peuvent utiliser leurs forces pour atteindre leurs opportunités et surmonter les menaces.

Ils apprennent également à minimiser l'influence de leurs faiblesses sur les menaces. La réalisation de cette analyse vous donnera des indices sur les premières étapes du démarrage d'une entreprise. Mais SWOT a certaines limites. Il ne priorise pas les points que vous listez ; cela devrait être fait par vous et votre équipe.

- **Public cible**

Si vous comprenez le marché, vous arrivez à l'une des étapes les plus critiques de l'exécution de votre idée. Mais comment créer une entreprise si vous ne savez rien de votre client ?

C'est impossible. Ne considérez pas votre produit comme une offre intéressante pour votre public. Ils voient quotidiennement des dizaines d'offres identiques. Considérez votre produit comme une solution aux problèmes de vos clients. Et vous devez savoir quelles douleurs résoudre, n'est-ce pas ?

Ne considérez pas votre produit comme une offre intéressante pour votre public. Ils voient quotidiennement des dizaines d'offres identiques. Considérez votre produit comme une solution aux problèmes de vos clients.

Tout d'abord, définissez qui est votre client. Définissez le sexe, l'âge, le lieu, la profession, etc. de votre public cible. Effectuez des recherches préliminaires sur votre marché. Cela vous permettra de créer une image de votre avatar client.

Un avatar client est un personnage hypothétique représentant votre client idéal. Les chiffres d'engagement élevés n'ont pas d'importance si vous attirez le mauvais public. Le mauvais public ne vous rapporte pas d'argent. Si vous souhaitez démarrer une petite entreprise puis évoluer, vous devez savoir qui est votre client potentiel.

Supposons que vous ayez un studio de design et que vous visiez à trouver plus de personnes pour faire une offre. Vous atteignez régulièrement près de 1000 personnes avec vos publications sur les réseaux sociaux. Mais ces chiffres ne se transforment pas en profit. Pourquoi donc ? Tout simplement parce que vous atteignez des utilisateurs aléatoires, pas votre public cible.

Un avatar client vous offre une vue détaillée de votre clientèle cible.

C'est une sorte de récit personnel qui vous raconte une histoire des intérêts, des habitudes, des douleurs, etc. de votre public.

Pour créer votre avatar client., collectez des données sur vos clients potentiels. Où vivent-ils et travaillent-ils ? Quels sont leurs hobbies ? Qui ou quoi affecte leurs décisions d'achat ? Ensuite, segmentez votre public et partez de ses besoins lors du démarrage d'une entreprise.

Si vous manquez de données, vous pouvez interroger des représentants de votre public cible. Pour valider les données, discutez avec vos employés qui communiquent étroitement avec vos clients.

 Cela vous donnera un aperçu précieux des besoins et des motivations de votre client idéal qui influencent son comportement de consommateur. Ces informations vous seront très utiles si vous envisagez d'ouvrir une boutique en ligne, par exemple.

- **Carte de l'empathie**

Alors, de quoi avez-vous besoin pour démarrer une entreprise ? Vous devez bien connaître votre client. La carte de l'empathie créée par Dave Gray est un autre outil utile pour vous.

Pour faire une cartographie de l'empathie, impliquez vos parties prenantes, vos commerciaux et vos spécialistes du marketing ou du développement de produits. Ensemble, vous tenterez de comprendre les besoins et les problèmes réels de vos clients et d'en apprendre davantage sur la façon de bâtir une entreprise prospère.

Le processus de cartographie de l'empathie est le plus efficace au stade de la conception du produit lorsque vous savez déjà quelque chose sur votre personnalité d'acheteur, mais que vous n'avez pas encore intégré cette connaissance dans la conception. Mais il n'est jamais trop tard pour créer une telle carte.

Cela vous sera également utile lorsque vous développerez une stratégie marketing et estimerez les coûts d'acquisition marketing.

Les cartes d'empathie donnent aux entreprises une compréhension approfondie de la personnalité de leurs utilisateurs.

Ils aident à générer des informations à partir de recherches antérieures et à accroître la sensibilisation de l'équipe sur les personnes qu'ils ciblent.

Les cartes d'empathie peuvent être ajustées aux spécificités de votre entreprise et aux situations qui nécessitent une enquête. Parfois, la catégorie de penser et ressentir est difficile à explorer. Néanmoins, comprendre comment votre utilisateur final prend des décisions vous aide à offrir une excellente expérience client. Il facilite également le développement d'un produit qui dépasse les attentes de votre client.

La carte de l'empathie

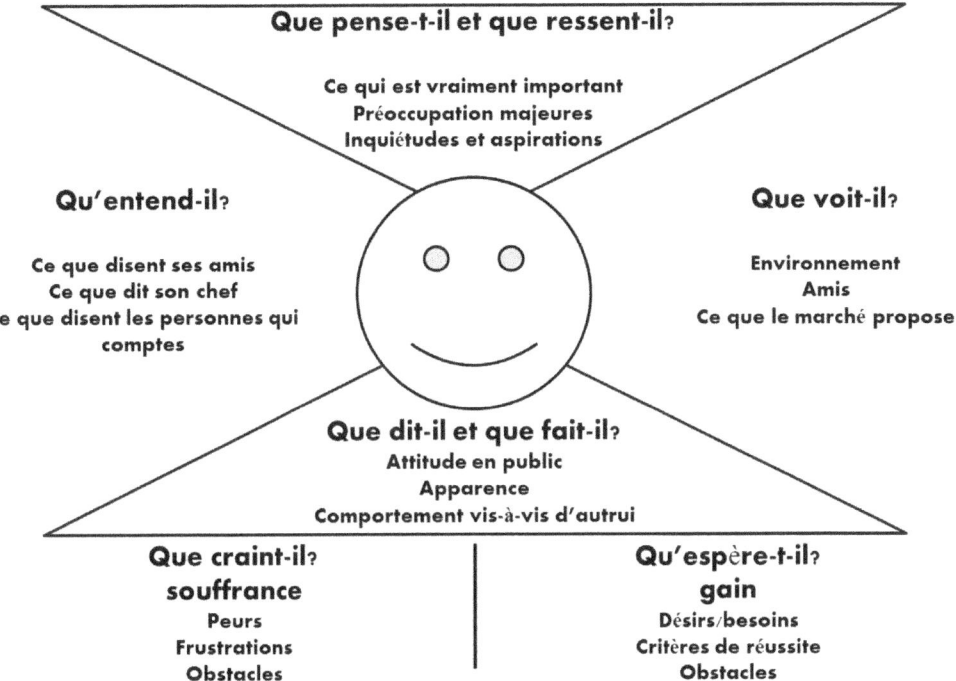

Que pense-t-il et que ressent-il?

Ce qui est vraiment important
Préoccupation majeures
Inquiétudes et aspirations

Qu'entend-il?

Ce que disent ses amis
Ce que dit son chef
Ce que disent les personnes qui
comptes

Que voit-il?

Environnement
Amis
Ce que le marché propose

Que dit-il et que fait-il?
Attitude en public
Apparence
Comportement vis-à-vis d'autrui

Que craint-il?
souffrance
Peurs
Frustrations
Obstacles

Qu'espère-t-il?
gain
Désirs/besoins
Critères de réussite
Obstacles

• Objectifs et formalités

L'établissement d'objectifs est une partie essentielle du processus de planification d'entreprise. Les objectifs décrivent le résultat que vous souhaitez atteindre et vous aident à trouver le meilleur moyen de réussir.

Fixez-vous des objectifs SMART. SMART signifie :

- Spécifique
- Mesurable
- Atteignable
- Réalisable
- Basé sur le temps.

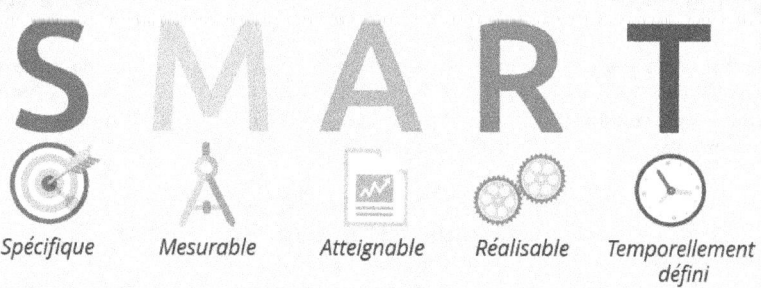

Spécifique   Mesurable   Atteignable   Réalisable   Temporellement
défini

Lorsque votre objectif est précis et basé sur le temps, cela facilite le processus de planification. Lorsque votre objectif est mesurable et atteignable, votre équipe est engagée et sur la bonne voie. Enfin, lorsque votre objectif est réalisable et pertinent, vous savez qu'il y a de fortes chances de le monétiser.

N'oubliez pas toutes les formalités. Les formalités ne sont pas seulement importantes pour une entreprise physique. Les entreprises en ligne doivent également avoir une licence commerciale et fonctionner légalement. L'enregistrement d'un nom commercial et l'obtention d'une assurance commerciale sont des étapes nécessaires pour se conformer aux exigences de l'État.

Vous devez ouvrir un compte bancaire professionnel et obtenir une carte de crédit professionnelle pour séparer les finances professionnelles et personnelles. Il est également important de choisir la bonne structure juridique.

Par exemple, si vous envisagez d'ouvrir une boutique en ligne, vous pouvez enregistrer votre entreprise en tant qu'entreprise individuelle. N'oubliez pas non plus le numéro d'identification de l'employeur qui sera nécessaire plus tard pour la déclaration fiscale.

- **Équipe**

Trois processus de base de l'exécution des affaires incluent les personnes, la stratégie et les opérations.

Savoir démarrer une entreprise ne vaut rien sans les gens. Une équipe bien choisie est essentielle au succès de toute organisation. Les gens sont ceux qui réagissent aux changements du marché cible. Les gens créent des stratégies et traduisent ces stratégies dans le monde réel. Un projet est beaucoup plus susceptible de bien fonctionner lorsque les personnes qui y travaillent se dirigent vers un objectif commun. Un bon travail d'équipe crée une synergie.

C'est lorsque l'effort commun d'une équipe est supérieur à la somme des efforts individuels.

Pour constituer une équipe efficace et embaucher des employés pour les bons rôles, décrivez les qualités que vous souhaitez voir chez vos futurs coéquipiers. Vos candidats doivent avoir les compétences générales et les compétences spécialisées appropriées. Les compétences techniques sont les compétences enseignables nécessaires pour bien accomplir les tâches professionnelles.

Les compétences non-techniques sont des traits personnels qui jouent un rôle important dans le travail d'équipe et la gestion des risques. Lors du choix d'un candidat, faites attention à la fois aux soft skills et aux hard skills. Testez leurs capacités à résoudre les conflits et assurez-vous que leurs valeurs correspondent à la culture de votre organisation.

Si vous avez une équipe en ligne, vous économisez de l'argent sur l'entretien de l'espace de bureau. Mais cela ne signifie pas que la journée de travail de votre employé peut être laissée au hasard. Vous devez créer un environnement de travail productif, proposer une assurance-maladie et fournir à votre équipe tout ce dont elle a besoin pour faire un excellent travail.

- **Parties prenantes**

Dans les premières étapes du démarrage d'une entreprise, vous devrez probablement impliquer les parties prenantes. Commençons par les moyens de trouver un partenaire commercial et de convaincre les investisseurs que votre idée vaut la peine d'être envisagée.

Prendre des décisions financières clés est une tâche difficile. Si votre budget est serré, essayez de trouver des intervenants qui seront prêts à vous soutenir.

Vous pouvez rechercher des investisseurs en ligne ou approcher des entrepreneurs locaux et des propriétaires d'entreprises établis. Les événements locaux où les entreprises prospères se rencontrent peuvent être un endroit où vous pouvez obtenir des conseils sur la façon de créer une entreprise en termes de finance. Les relations avec les propriétaires de petites entreprises peuvent également vous donner une direction pour trouver des investisseurs.

Lorsque vous voyez des gens s'intéresser à votre idée, présentez-la de manière engageante. Lors de la présentation, présentez les informations de manière transparente et cohérente. Si vous envisagez d'obtenir un prêt commercial, vous devez prouver que vous êtes une personne de confiance et dévouée. Utilisez un format de présentation dans lequel vous faites un résumé de vos objectifs, des coûts de démarrage et des perspectives.

Vous pouvez trouver de nombreux modèles de telles présentations en ligne. Il est important de se rappeler que les styles de communication d'entreprise et l'éthique du travail diffèrent d'une région à l'autre.

Une entreprise prospère nécessite beaucoup d'efforts de marketing et de promotion. Lorsque vous recherchez un financement en ligne, renseignez-vous sur les sites Web qui mettent en relation les startuppers avec les investisseurs. Commencez par LinkedIn et Reddit pour établir la connexion avec les bonnes personnes. Générez du contenu lié à votre idée et partagez-le sur votre page d'entreprise. Vous pouvez même devenir contributeur de contenu pour une source en ligne reconnue afin de développer vos communications marketing. En outre, vous pouvez lancer la campagne publicitaire avec la description et les objectifs de votre entreprise dans des magazines commerciaux ou des portails d'actualités.

De nos jours, être présent en ligne est indispensable pour les petites entreprises qui souhaitent lever des fonds et se développer. Avant d'ouvrir une entreprise, vous devez avoir une stratégie de croissance pour votre compte d'entreprise sur les réseaux sociaux.

En-dehors de cela, vous aurez besoin d'un site Web ou d'une application représentant votre entreprise. Vous pouvez embaucher une équipe de développement de logiciels qui vous aidera à construire une solide identité de marque dans le numérique. Une bonne idée est d'externaliser parce que c'est abordable et pratique. Si vous choisissez ce type de coopération, vous devez connaître la différence entre les équipes dédiées et l'augmentation du personnel pour opter pour la méthode qui convient le mieux à votre entreprise.

Lorsque vous recherchez un partenaire, réfléchissez aux types de produits dans lesquels l'équipe est spécialisée.

Consultez les avis des clients et explorez le portefeuille d'une entreprise pour évaluer l'expertise d'un partenaire. Et si vous ne savez pas avec certitude quel type de produit, vos utilisateurs s'attendent à obtenir, commencez par une consultation informatique. Des consultants numériques étudieront votre idée et vous aideront à construire une stratégie cohérente et engageante pour créer une entreprise en ligne.

Ce chapitre vous donne des directives sur la façon d'ouvrir une entreprise.

Partir de zéro est toujours difficile et risqué. Mais si vous avez un plan d'affaires clair, vous voyez comment créer une entreprise.

De nombreux propriétaires d'entreprise sous-estiment l'étape de planification. Cependant, écrire votre plan vous oblige à y réfléchir et aide à construire une structure d'entreprise solide.

Résumons-le. Avant d'ouvrir une entreprise :

- Réalisez des études de marché sur vos concurrents et votre public cible.
- Créez une carte d'empathie et définissez des objectifs SMART.
- Respectez les formalités et embarquez le personnel adéquat.
- Trouvez des parties prenantes intéressées par votre produit.

Vous pouvez mettre ces étapes pour démarrer une entreprise dans une liste de contrôle à parcourir. Cela vous aidera à ne rien manquer de vital et à proposer des services/produits qui attirent vos clients potentiels.

Faire un bilan personnel (Demandez-vous quels sont vos atouts et vos faiblesses)

L'auto-évaluation, un exercice essentiel pour lancer son entreprise

L'auto-évaluation est un outil qui consiste à effectuer une analyse critique de ses propres objectifs, intérêts, compétences et expériences. Parmi ses nombreuses applications dans le monde, des affaires figurent le développement des employés, la performance des équipes et les efforts de changement organisationnel.

Mais l'auto-évaluation est peut-être plus utile pour les entrepreneurs potentiels qui envisagent de démarrer une nouvelle entreprise.

"Une entreprise n'est qu'une extension des personnes qui la gèrent et reflète leurs capacités", note le conseiller aux petites entreprises du magazine Entrepreneur.

En tant qu'entrepreneur, vous devez connaître vos forces et vos faiblesses afin de pouvoir compenser d'une certaine manière les domaines où vous ne serez pas compétent. Vous pouvez déterminer vos forces et vos faiblesses en évaluant les principales réalisations de votre vie personnelle et professionnelle et les compétences requises pour accomplir ces tâches.

En d'autres termes, les entrepreneurs peuvent être en mesure d'améliorer leurs chances de succès en entreprenant une auto-évaluation honnête et détaillée.

En évaluant des traits personnels tels que les compétences, l'expérience et les connaissances en affaires, les objectifs financiers, les goûts et les aversions, la volonté de déployer des efforts et de la capacité de relever des défis, les entrepreneurs peuvent être en mesure d'identifier les opportunités commerciales pour lesquelles ils sont les mieux adaptés.

Dans certains cas, l'auto-évaluation peut même conduire à de nouvelles idées commerciales innovantes. De plus, remplir une auto-évaluation peut aider les entrepreneurs à reconnaître les domaines dans lesquels ils auront besoin d'aide ou de formation. En augmentant la connaissance de soi, cela peut également aider les entrepreneurs à attirer des investisseurs et à impressionner les prêteurs.

Un bon point de départ pour effectuer une auto-évaluation consiste à préparer un curriculum vitae détaillé.

Ce document doit énumérer la formation et l'expérience professionnelle de l'entrepreneur - décrivant en détail les exigences et les responsabilités de chaque emploi - ainsi que les passe-temps et les intérêts extérieurs. En utilisant le curriculum vitae comme guide, il peut alors être utile pour l'entrepreneur de séparer ses attributs professionnels par domaine fonctionnel - comme le marketing, la comptabilité ou la gestion des ressources humaines - et d'attribuer un niveau de compétence à chacun. Enfin, l'entrepreneur peut souhaiter créer une liste d'attributs personnels - tels que la capacité avec les chiffres, le bon sens, les compétences en communication, les compétences organisationnelles, les compétences interpersonnelles, etc. - qui peuvent être utiles pour démarrer et gérer une petite entreprise. Le simple fait de réfléchir et de catégoriser ses compétences et son expérience peut être instructif. Vus objectivement, ces documents peuvent aider l'entrepreneur de multiples façons.

Sans surprise, l'outil d'auto-évaluation peut également être appliqué à une grande variété d'autres situations commerciales. Par exemple, il peut être utilisé comme une aide au développement des employés dans le cadre des efforts d'évaluation des performances et de formation d'une entreprise. Une application courante est les systèmes de « *rétroaction à 360 degrés* » - en plus d'être évalués par des superviseurs, des pairs et des subordonnés, les employés évaluent leur propre performance et participent à la définition d'objectifs. L'auto-évaluation peut également être appliquée à des équipes de travailleurs ou même à des organisations globales pour aider à identifier les forces et les faiblesses et à améliorer les performances. Les équipes peuvent évaluer des éléments de performance d'équipe tels que l'établissement d'objectifs, la communication, la prise de décision, la résolution de problèmes et la gestion des conflits.

9 outils et tests professionnels

La route de l'entrepreneuriat peut parfois être difficile, c'est le moins qu'on puisse dire. Chaque entrepreneur qui réussit s'est demandé à un moment ou à un autre : *« Ai-je fait une erreur ? Devrais-je même essayer de créer ma propre entreprise ? »*

Maintenant, il y a une évaluation de la personnalité qui vous dira la réponse !

D'accord, je plaisante. Ce n'est pas si facile. Mais il existe un certain nombre d'outils de personnalité fascinants qui peuvent vous aider à répondre à cette question.

Prendre l'une de ces auto-évaluations d'entrepreneur peut faire beaucoup plus que vous aidez à choisir un cheminement de carrière. Ils peuvent vous aider à identifier les forces et les faiblesses, à embaucher les bonnes personnes et à constituer de meilleures équipes. Au fur et à mesure que vous acquérez une meilleure connaissance de vous-même, vous comprendrez mieux comment vous pouvez donner le meilleur de vous-même et comment vous pouvez également aider les autres à exceller.

- **L'indicateur de type Myers-Briggs**

L'indicateur de type Myers-Briggs, basé sur la théorie de la personnalité de Carl Jung, est l'un des instruments les plus connus. Environ 1,5 million de personnes utilisent cet outil chaque année, déclare Jennifer Selby Long de The Selby Group. **Long** a administré et interprété plus de 2 000 tests au cours de sa pratique de conseil en gestion de 18 ans et est également ancienne présidente de l'Association for Psychological Type International.

"Le MBTI indique vos schémas probables dans la collecte d'informations, la prise de décisions, la gestion de votre énergie et l'interaction avec le monde extérieur", explique Long.

"Si vous en apprenez davantage sur vos angles morts inconscients, vos énergisants et vos draineurs d'énergie, vous pouvez utiliser ces connaissances pour prendre l'avantage sur vos concurrents."

Mais attention : le MBTI n'est qu'un instrument d'évaluation parmi d'autres. Le danger d'utiliser un seul outil et d'obtenir une seule opinion est que la personnalité bien ancrée d'une personne n'est qu'une dimension de ce que serait un entrepreneur prospère.

C'est un bon point de départ, mais sans quelques conseils sur les résultats, cela pourrait signifier que certains entrepreneurs superstars potentiels pourraient ne pas poursuivre leur carrière, et les aspirants se lancent et échouent rapidement.

- **Systèmes RH Prevue**

Prevue HR Systems mesure des capacités telles que la vitesse d'apprentissage ainsi que les intérêts, les motivations et la personnalité, explique Nathaniel Barr, coordinateur marketing de l'entreprise. Des entreprises telles que Honda et 3M ont utilisé Prevue pour trouver et embaucher des employés.

En ce qui concerne les entrepreneurs en herbe, l'évaluation de l'entrepreneur Prevue « peut vous donner une idée de la façon dont vous allez réagir, vous engager et gérer le stress lié au démarrage d'une entreprise », explique Barr.

Et comme la dotation en personnel de votre entreprise devient essentielle à la croissance, l'intégration d'une évaluation dans votre processus d'embauche peut conduire à des décisions d'embauche plus intelligentes.

L'équipe de Prevue pense également que son évaluation pourrait simplement améliorer les chances d'une startup d'obtenir du capital-risque.

Nous constatons que l'un des plus grands défis des entrepreneurs / start-ups est d'obtenir du capital-risque ou des investisseurs providentiels.

Généralement, le domaine qui reçoit le plus d'attention de la part d'un investisseur est l'équipe. Si vous pouvez prouver à un investisseur que vous avez évalué objectivement votre équipe en termes de capacités et d'adéquation, vous avez plus de chances de recevoir un financement.

- **L'équation de l'entrepreneur**

The Entrepreneur Equation est un best-seller du New York Times qui propose *"une multitude d'exercices et d'évaluations pour vous aider à évaluer votre personnalité vis-à-vis de l'entrepreneuriat, ainsi que votre état d'esprit, votre timing et l'opportunité particulière"*, explique l'auteur Carol Roth.

Elle a également mis en place un quiz interactifpour voir comment votre personnalité se compare au profil populaire des entrepreneurs prospères d'aujourd'hui.

Pourquoi les tests de personnalité sont-ils si importants pour un aspirant entrepreneur ? Parfois, il est difficile pour quelqu'un de voir la forêt à travers les arbres. Les auto-évaluationsaident les individus à comprendre quelles sont leurs compétences de base et comment celles-ci peuvent se chevaucher avec ce qui est nécessaire pour gérer une entreprise.

Et tandis que la personnalité est impliquée dans votre succès, ce n'est pas le seul facteur déterminant. Le timing joue toujours un rôle, dit-elle. Vous êtes peut-être opposé au risque financier actuellement, mais c'est quelque chose que vous pourrez peut-être surmonter si vous avez suffisamment économisé avant d'ouvrir une entreprise. Toutes les caractéristiques ne sont pas statiques.

• L'évaluation StrengthsFinder 2.0

L'évaluation StrengthsFinder 2.0 de Tom Rath, auteur à succès du New York Times, qui dirige la recherche sur le lieu de travail et le conseil en leadership de Gallup, identifie vos cinq meilleurs talents et propose des stratégies pour appliquer vos points forts.

Jason McClain, fondateur et PDG de McClain Concepts, a construit et vendu plus d'une douzaine d'entreprises. Il a étudié le livre et a découvert que ses points forts étaient « *parfaits* ».

Il s'avère que les points forts de McClain incluent l'activateur, l'idéation, la stratégie, le commandement et la positivité, ce qui l'a sans aucun doute aidé à créer ses entreprises.

Pourtant, McClain sait que d'autres ont contribué à son succès, il utilise donc StrengthsFinder 2.0 dans le cadre de sa stratégie d'embauche en exigeant que les candidats passent l'évaluation. Il croit que *"l'embauche de personnes avec des forces différentes crée une entreprise avec la force d'entreprise ultime"*.

- **L'évaluation PAVF**

L'auto-évaluation de l'entrepreneur PAVF, un outil de personnalité exclusif administré par Career Coaching International, décrit« *comment vous êtes câblé* », explique Tim Ragan, directeur de CCI.

Chaque lettre représente l'un des quatre types ou groupes de personnalité ;

P = producteur, A = analyseur, V = visionnaire et F = ami.

Ragan souligne le fait que les résultats du PAVF intègrent une terminologie liée au travail. « Nous utilisons des termes tels que 'producteur' et 'visionnaire', que la plupart des gens comprennent. D'autres tests utilisent des descripteurs plus ésotériques tels que « sentir » et « juger ».

Un autre avantage du PAVF est la simplicité des résultats : un profane peut interpréter comment il s'intègre à ses collègues. Ragan observe :*"Il ne s'agit pas seulement de votre personnalité, mais de la façon dont votre personnalité s'intègre au reste de l'équipe et de l'entreprise."*

Ragan met également en garde contre l'utilisation d'un seul test pour déterminer son sort. *"C'est une approximation... C'est utile pour entamer de bonnes conversations sur la façon dont les gens aiment/veulent travailler, et pourquoi ils peuvent avoir des problèmes avec leur carrière, leurs patrons, leurs équipes de travail."* Il rappelle aux entrepreneurs qu'il n'y a pas une « *bonne* » personnalité pour un propriétaire de petite entreprise.

- **Teamability**

Teamability se concentre sur les rôles et mesure comment les gens se connecteront avec les autres. "L'esprit d'équipe n'est plus un mystère", déclare la PDG, le Dr Janice Presser, qui a créé le produit avec le Dr Jack Gerber à l'Institut Gabriel.

Leur auto-évaluation exclusive révèle« *comment les gens se comporteront lorsqu'ils travailleront avec d'autres pour résoudre des problèmes, surmonter des obstacles et atteindre des objectifs communs* », note le Dr Presser. « Les rapports sur l'esprit d'équipe sont positifs. Ils vous indiqueront la manière dont vous contribuerez le mieux.

Les tests basés sur des enquêtes ne mesurent pas toujours directement ce qui se passe lorsqu'une personne est impliquée dans une activité d'équipe. *« C'est pourquoi Teamability offre une perspective précieuse sur les préférences de style de travail individuel, la satisfaction au travail, ainsi que sur la structure et le développement des équipes. Il fournit des informations spécifiques et exploitables aux managers, les aidant à aligner les responsabilités professionnelles sur le meilleur mode de contribution d'une personne à l'équipe. »* Le cours de base Teamability est en ligne et gratuit, y compris un rapport individuel.

- **Programmes dynamiques professionnels**

Les programmes dynamiques professionnels (PDP) sont le principal outil utilisé par les consultants stratégiques de Vision Alignment pour encadrer les cadres dans le développement du leadership, le style de communication et les pratiques d'embauche. Selon Patty Azar, directrice de la stratégie de Vision Alignment, « cette enquête leur dit non seulement qui ils sont, mais aussi comment ils doivent agir pour réussir. Cela leur montre l'impact de ne pas être eux-mêmes authentiques et les conséquences que cela peut avoir sur le plan professionnel et personnel.

Azar fait écho au sentiment des autres consultants. *"Aucune décision ne doit être prise sur la base d'un seul outil."*

Azar met également en garde contre les auto-évaluations des entrepreneurs qui compatissent à vos lacunes dans le but de vous inciter à essayer de les surmonter. *"Les gens devraient construire et travailler en fonction de leurs forces - PAS en surmontant leurs faiblesses."*

- **Le profil de réflexion FourSight**

Le profil FourSight Thinking traite de votre style de résolution de problèmes et d'innovation, explique Susan Robertson, consultante en innovation et directrice d'Ideas To Go.

Robertson dit qu'il y a 4 phases nécessaires pour une résolution de problème réussie : clarifier le problème, imaginer des solutions potentielles, développer l'idée choisie et mettre en œuvre l'action - et chacun de nous a une préférence pour une ou plusieurs de ces phases. *"Comprendre vos préférences vous aidera à éviter les pièges de passer trop de temps et d'attention sur les phases que vous préférez et de raccourcir les autres éléments nécessaires qui ne vous viennent peut-être pas naturellement."*

Robertson insiste sur la meilleure façon d'utiliser les auto-évaluations et d'interpréter les résultats. *"Ma philosophie serait que vous devriez les utiliser comme des outils pour vous guider dans votre approche de l'entrepreneuriat, afin que vous le fassiez aussi efficacement que possible et que vous sachiez quand vous devrez peut-être vous entretenir avec quelqu'un qui a des forces différentes. Vous ne devriez jamais laisser ces évaluations dicter ce que vous pouvez ou ne pouvez pas faire."*

- **Profil de travail indépendant de Smart Work Assessments**

Le profil de travail indépendant de Smart Work Assessments est une évaluation de la personnalité qui donne un aperçu de la façon dont vos caractéristiques influencent votre réussite dans une carrière entrepreneuriale, explique Douglas Garner, associé chez Smart Work. Il comprend une auto-évaluation complète des caractéristiques clés qui influencent le plus le succès entrepreneurial, puis recommande votre stratégie de carrière unique en tant que travailleur indépendant.

Certaines des caractéristiques distinctives fortement corrélées au succès entrepreneurial comprennent : le besoin inhérent de structure et de systèmes, l'intérêt pour l'apprentissage, la gestion du rejet et la prospection. Le profil de travail indépendant Smart Work *« recommande votre stratégie de carrière et votre plan de développement uniques en tant que travailleur indépendant en classant les caractéristiques inhérentes par rapport aux exigences des quatre principales options de carrière de travailleur indépendant : agent/représentant, conseil/contrat, petite entreprise et franchises. »*

Par exemple, si vous êtes une personne qui aspire et prospère dans un environnement structuré, posséder une franchise peut être un bon choix.

D'un autre côté, si la structure vous semble étouffante et contraignante, alors exploiter une franchise vous semblera limité et frustrant.

Les auto-évaluations de la personnalité ne sont peut-être pas une boule de cristal, mais elles fournissent des informations approfondies sur qui vous êtes en tant qu'entrepreneur et en tant que personne.

Les résultats des évaluations vous fourniront des outils pour grandir, des forces à développer et une orientation lorsque vous envisagerez un changement dans votre cheminement de carrière. Et mieux encore, ils peuvent même vous aider à répondre à cette question lancinante : « Est-ce que l'entrepreneuriat me convient ? »

Comment évaluer vos forces et vos faiblesses avant de vous lancer

Les nouveaux entrepreneurs sont souvent aveugles à leurs propres points faibles. Vous manquez une opportunité cruciale pour vous améliorer ?

Peut-être que vous songez simplement à démarrer une entreprise. Ou peut-être avez-vous déjà commencé, mais réalisez rapidement que vous ne pouvez pas tout faire vous-même. Si l'un de ces scénarios vous semble familier, j'aimerais partager avec vous une excellente approche que j'ai découverte pour solliciter des opinions honnêtes sans marcher sur les pieds - et apprendre quelles faiblesses je devais corriger.

Connaître ses forces et ses faiblesses est plus facile à dire qu'à faire. Beaucoup d'entre nous pensent que nous sommes doués pour certaines choses, alors que d'autres nous perçoivent au mieux comme des étudiants. Alors, comment obtenir une image précise de vos forces et de vos faiblesses, et pourquoi est-ce important ?

La précision de la perception est importante. Savoir où vous excellez vous guidera tout au long de votre processus d'établissement d'objectifs, et savoir où vous êtes faible vous orientera vers les bons moments pour demander de l'aide.

De plus, si vous savez où vous êtes faible, vous pouvez également déterminer où votre argent vous aidera le plus. Par exemple, engagez un comptable ou un aide-comptable si vous n'êtes pas doué avec les chiffres. Engagez un écrivain si le monde des mots ne vous chatouille pas. Cette méthode peut même être appliquée au choix d'un partenaire ou des membres de l'équipe, deux aspects très importants du processus de planification d'entreprise.

- **Comment mener une enquête « sans blâme ?»**

Commencez votre auto-évaluation en dressant une simple liste de toutes les compétences en affaires que vous pensez posséder. Ensuite, ajoutez d'autres compétences qui, selon vous, font un bon leader/propriétaire d'entreprise. Ajoutez toutes les questions supplémentaires que vous jugez utiles.

Pour vous aider à démarrer, voici quelques questions auxquelles je demande à mon équipe de répondre à la fin des projets individuels :

❑ Vous ai-je mis à l'aise pour prendre vos propres décisions concernant les tâches dont vous étiez responsable tout au long du projet ?

❑ Qu'est-ce que j'aurais pu faire sur ce projet pour être un meilleur leader ?

❑ Qu'avez-vous le plus apprécié chez moi en tant que leader tout au long de ce projet ?

❑ Quelle est la chose que vous pensez que nous pourrions faire différemment en tant qu'équipe sur le prochain projet ?

Demandez maintenant à autant de personnes que vous osez de vous évaluer de la même manière par le biais d'un sondage anonyme. Vous pouvez le faire à l'aide d'un outil d'enquête en ligne tel que SurveyMonkey ou utiliser des formulaires dans Google Drive.

Dites aux gens de ne pas mettre leur nom dessus. De cette façon, vous ne serez pas offensé par l'opinion de qui que ce soit et ils se sentiront en sécurité pour dire toute la vérité.

Je n'oublierai jamais l'expression d'un programmeur lorsque je lui ai demandé de remplir un sondage anonyme à mon sujet afin que je puisse améliorer mes compétences en leadership et en gestion. Il a éclaté de rire et a dit : "Wow, vous prenez très au sérieux ce truc de développement personnel !" Je le fais, et vous devriez aussi.

N'ouvrez aucune des enquêtes tant que vous n'en avez pas collecté au moins 10, et n'interrogez que les personnes qui vous connaissent ou qui ont travaillé directement avec vous.

Conseil : respirez profondément avant de les ouvrir et gardez l'esprit ouvert quant à la raison pour laquelle vous le faites : pour devenir super honnête avec vous-même et trouver des coéquipiers qui peuvent expliquer vos faiblesses. J'ai personnellement eu quelques réponses qui m'ont donné envie de crier, mais je suis mieux d'avoir reçu des commentaires honnêtes.

Savoir dans quoi vous devez mettre de l'énergie et où vous pouvez vous détendre peut faire la différence entre une conduite en douceur et une conduite pleine de nids-de-poule. Pourquoi ne pas prendre la route douce ?

Évaluez bien votre situation financière

L'importance de connaître votre situation financière

La planification financière est le processus qui consiste à documenter la situation financière actuelle d'une personne ou d'une entreprise et à identifier les objectifs financiers et la manière dont la personne ou l'entreprise les atteindra.

Un plan financier lui-même est un document qui sert de feuille de route pour la croissance financière d'une personne ou d'une entreprise. Il montre où se trouve actuellement une personne ou une entreprise, où elle veut aller et comment elle a l'intention d'y arriver.

Certaines personnes confondent les plans financiers avec les budgets. Cependant, les deux termes ne sont pas interchangeables. Les plans financiers comprennent des budgets, mais également d'autres informations importantes, telles que des ventilations détaillées des actifs d'une personne ou d'une entreprise, des flux de trésorerie, des prévisions de revenus et de revenus, des dépenses typiques et d'autres données qui créent une image globale de la situation financière d'une personne ou d'une entreprise.

Les plans financiers comprennent également généralement des objectifs à plus long terme, tels que des objectifs de croissance spécifiques, ainsi que des obstacles potentiels qui doivent être surmontés pour atteindre ces objectifs.

Comme nous l'avons mentionné précédemment, la préparation d'un plan financier peut être un outil utile pour démontrer votre solvabilité aux prêteurs potentiels lors de la recherche de financement d'entreprise. Mais même si vous ne cherchez pas à contracter un prêt pour développer votre entreprise, une bonne planification financière peut vous aider à visualiser la véritable santé financière de votre entreprise et à commencer à travailler vers des objectifs de croissance concrets et spécifiques.

Que vous souhaitiez diversifier votre entreprise avec de nouvelles gammes de produits, vous développer dans un emplacement physique ou embaucher du personnel supplémentaire, un plan financier solide peut vous aider à identifier ce qui est réaliste en fonction des performances historiques de votre entreprise ou des projections basées sur des données réelles.

De nombreux propriétaires d'entreprise n'atteignent pas leurs objectifs parce qu'ils ne se préparent pas et ne planifient pas leur expansion de manière proactive. Même les entreprises qui se portent bien peuvent tomber dans le piège d'attendre que la croissance « se produise » alors qu'en réalité, il faut souvent un effort soutenu et délibéré pour développer une entreprise. Cela est particulièrement vrai dans des conditions économiques incertaines.

Presque tous les propriétaires d'entreprise ont vécu l'anxiété qui accompagne la préparation de l'expansion et de la croissance. Mais la planification financière peut être un coup de pouce qui peut vous donner la confiance dont vous avez besoin pour poursuivre des opportunités que vous n'auriez peut-être pas envisagées autrement.

Conseils pour évaluer vos besoins financiers lors du démarrage d'une petite entreprise

Démarrer une petite entreprise nécessite une planification très complexe. Non seulement, vous devez élaborer votre plan d'affaires et votre méthode pour réussir, mais vous devez également envisager un financement. De nombreux propriétaires de petites entreprises peuvent considérer le financement comme acquis et ne le rechercher qu'à la dernière minute. Malheureusement, cette méthodologie pourrait vous laisser dans une position instable à l'approche du jour de l'ouverture.

Le financement des petites entreprises peut provenir de diverses sources, en fonction de votre modèle d'entreprise, de vos idées et de vos besoins. Ne pas évaluer correctement vos besoins pourrait vous laisser avec une dette plus importante que nécessaire ou ne pas avoir suffisamment de financement pour démarrer votre entreprise. Voici quelques conseils pour évaluer vos besoins financiers avant de démarrer votre petite entreprise.

- **Connaissez votre situation financière**

Faire des suppositions sur la somme d'argent dont votre entreprise a besoin pour démarrer pourrait vous mettre dans une situation financière dangereuse. Avant de solliciter un financement, apprenez d'abord à connaître vos besoins. Faire un budget peut vous aider à mieux comprendre les besoins et les coûts mensuels avant de rechercher un financement. Votre budget doit couvrir toutes vos dépenses, y compris : les licences, le marketing, le loyer, les services publics, les frais de CPA, les frais d'avocat, les dépenses Web et vos dépenses personnelles jusqu'à ce que vous réalisiez un profit.

Analyser les flux de trésorerie prévisionnels de l'entreprise au cours des premiers mois. Les ventes projetées et les coûts de fabrication des produits doivent être pris en compte, ce qui vous permet d'avoir une idée de vos revenus et de vos dépenses. Assurez-vous de prendre en compte les changements dans les ventes et de prévoir un budget pour les mois où vous pouvez vendre moins ou plus. Savoir quoi faire avec un excédent mensuel peut vous aider à planifier l'avenir.

- **Obtenez une sauvegarde**

Une fois que vous avez soigneusement analysé votre situation financière et compris vos besoins de financement, êtes-vous en mesure d'obtenir un prêt ? Aller directement pour un prêt aux petites entreprises est la voie la plus évidente, mais que se passe-t-il si vous êtes approuvé pour moins que ce dont vous avez besoin ? Décider d'utiliser les investisseurs providentiels, la famille, les économies personnelles ou une autre option pour votre déficit vous aidera à gérer la crise monétaire à mesure qu'elle survient.

- **Forfaits à long terme**

Vous pouvez être dans une position différente, où vous avez obtenu votre financement de démarrage, mais avez maintenant besoin de fonds supplémentaires. Celles-ci peuvent être destinées à la croissance de l'entreprise ou à la récupération d'une saison lente, mais le besoin de financement supplémentaire se fait souvent sentir. Avant de contracter un prêt, réévaluez vos finances.

Pouvez-vous réduire vos dépenses ? Cette expansion, prend-elle un risque important ? Avec quelle urgence avez-vous besoin de ce financement ? Quelle est la stabilité de votre industrie ?

Avoir une compréhension approfondie du financement supplémentaire, avant d'aller à la banque, améliorera vos chances d'approbation.

L'étude de marché
(La clé pour se lancer)

Avant de démarrer un projet, une entreprise ou une étude, l'une des choses les plus importantes à faire est la recherche. Chaque entreprise a son propre ensemble d'utilisateurs cibles. Il est impossible de comprendre vos utilisateurs, leurs habitudes, leurs attentes et leurs comportements sans une étude de marché détaillée. Ce chapitre vous aidera à tout comprendre sur les études de marché efficaces.

Qu'est-ce qu'une étude de marché ?

L'étude de marché est un processus qui consiste à collecter de manière systématique des données et des informations relatives à votre public cible. Cela aide à comprendre la viabilité de votre produit ou service, avant même d'entrer sur le marché. Il vous donne également un aperçu des tendances du secteur et de ce qui motive les utilisateurs à prendre la décision de convertir et d'acheter. En conséquence, vous pouvez planifier la feuille de route de votre produit ou service. Voici quelques-uns des principaux avantages des études de marché :

- Augmente l'efficacité

Une recherche de qualité vous aide à comprendre le comportement et les habitudes de vos clients et vous indique les domaines d'intérêt potentiels bien à l'avance.

- Aperçu des concurrents

L'étude de marché est le meilleur moyen d'étudier le marché ou l'industrie que vous ciblez. En faisant cela, vous pouvez vous assurer de garder une longueur d'avance sur vos concurrents en offrant une expérience et des services variés.

- Rentable

Ce processus ne vous coûte pas d'argent. Vous pouvez simplement choisir d'utiliser un outil d'enquête ou des réunions individuelles à votre portée pour commencer. En bref, il s'agit d'un processus à faible investissement et à rendement élevé !

- Investissement commercial, productif

L'étude de marché est un excellent investissement pour toute entreprise. Il aide les décideurs à prendre le bon chemin et à atteindre les objectifs requis.

Types d'études de marché

- **Recherche primaire**

Les données dérivées de la recherche primaire sont « *de première main* ». Cela signifie que vous collectez les données vous-même ou que vous employez quelqu'un que vous connaissez pour effectuer des recherches. Souvent, les sondages en ligne, les entretiens téléphoniques, etc. sont les méthodes utilisées pour cela. Dans ce type de recherche, vous contrôlez l'ensemble du processus et pouvez modifier le format entre les deux.

Veuillez noter : ***Les enseignements tirés de ce type de recherche sont à la fois qualitatifs et quantitatifs.***

➢ **Façons de mener une étude de marché primaire**

Recherche ethnographique + observation

Il s'agit d'une recherche approfondie menée dans le cadre naturel de l'objet. L'idée est de rendre le répondant totalement à l'aise dans son habitat pendant que l'enquêteur s'adapte à son environnement naturel. Ce type de recherche peut durer de quelques jours à un mois. Chaque détail minutieux est étudié pendant la durée.

Groupes de discussion

Le groupe de discussion est l'une des méthodes les plus couramment utilisées pour la recherche primaire. Ici, un groupe d'environ 6 à 10 personnes est informé d'une version/idée particulière et tous partagent leurs perceptions, pensées et points de vue. La meilleure partie à ce sujet est qu'il peut être effectué à distance et est rentable.

Entretien individuel

Comme son nom l'indique, cette méthode implique une interaction avec un individu sous la forme d'un entretien. Les questions posées au répondant ici sont pour la plupart des questions ouvertes. Ceci est cependant susceptible d'apporter des réponses biaisées et le résultat final dépend beaucoup de la façon dont l'intervieweur pose les questions et de sa capacité à faciliter les réponses.

Sondages

Les sondages sont extrêmement informatifs et utiles s'ils sont menés de la meilleure façon. Ils peuvent être effectués par téléphone, en personne, sur papier ou via un logiciel en ligne.

Il s'agit d'une liste de questions élaborées de manière à vous donner le meilleur aperçu possible de ce qu'un client pense de votre produit ou service, de votre marque et de l'expérience que vous offrez. Il peut être aussi large ou aussi spécifique que vous le souhaitez.

> **Recherche secondaire**

Contrairement à la méthodologie de recherche primaire, la recherche secondaire utilise des informations organisées par des sources telles que les médias, les chambres de commerce, les agences gouvernementales, les sociétés de recherche privées, etc.

Ces informations sont publiées dans différents formats et partagées avec le grand public via plusieurs canaux comme les forums en ligne, sites Web, journaux, magazines, événements, etc.

> **Façons d'obtenir des résultats de recherche secondaires**

Sources publiques

Les sources publiques telles qu'une bibliothèque sont un excellent moyen de recueillir des informations. La meilleure partie est que les informations sont bien séparées avec les délais. Cependant, avec l'avènement d'Internet, les visites a la bibliothèque ont diminué. C'est toujours une bonne idée d'en visiter un si vous avez suffisamment de temps pour trouver des publications uniques.

Sources commerciales

Les journaux locaux, les magazines, les revues, la télévision, la radio, etc. relèvent des sources commerciales. Certains d'entre eux peuvent coûter cher, mais ils constituent l'un des moyens les plus simples de consommer des informations.

Institutions d'enseignement

Peu utilisée, cette source de collecte de données peut s'avérer utile car nombre de recherches sont effectuées par des institutions de gestion et techniques qui sortent rarement.

Étapes pour mener une étude de marché

O Définissez votre public cible

Avant de commencer à comprendre le fonctionnement de vos clients, vous devez comprendre rapidement qui sont vos clients. Créez un buyer persona (avatar client) et gardez-le à portée de main.

Remarque : il est tout à fait acceptable d'avoir plusieurs personas d'acheteur !

O Comprendre leur comportement

Après avoir bien connu votre public cible, découvrez quels sont les meilleurs moyens d'entrer en contact avec eux pour obtenir de vraies réponses.

Évaluez leurs heures d'activité, leur tonalité, leurs préférences, etc.

O Choisissez une méthode pour obtenir des informations

Il est maintenant temps de prendre l'une des décisions les plus importantes : choisir comment mener la recherche. Après avoir suivi l'étape 2, cela devrait devenir facile. Par exemple, si vous constatez que votre public cible ouvre régulièrement ses courriels et y répond, vous pouvez choisir de lancer une enquête. Cependant, si vous constatez que la pénétration d'Internet auprès de votre public cible est très faible et qu'il comprend son dialecte local, le choix de la recherche ethnographique est alors utile.

O **Rassembler les réponses**

C'est là que se résument tous vos efforts. Il peut s'agir d'une feuille Excel, d'un document Google ou d'un logiciel particulier, documenter chaque fait est indispensable. Assurez-vous de protéger vos données et de les partager uniquement avec les personnes concernées.

O **Formez des hypothèscs et prenez des mesures**

Une fois que vous avez un tas d'informations, il est temps d'étudier les données et de construire une hypothèse. Il peut y avoir des cas où vous vous rendrez compte que vous devez modifier l'intégralité du processus d'inscription ou changer la langue ou adopter une approche différente. La façon dont vous suivez cette étape reflète dans une large mesure le succès de votre entreprise.

La réalisation d'études de marché peut s'avérer être une révélation et une vérification des faits pour un certain nombre d'individus et d'organisations. Même si vous pensez comprendre parfaitement votre public cible, une étude détaillée vous permettra probablement de découvrir de nouveaux canaux et opportunités. C'est toujours le meilleur choix pour mener une étude de marché dans la phase initiale de démarrage ou de construction de quoi que ce soit, car cela laisse beaucoup de place à l'amélioration.

Réaliser un business plan

Avant de démarrer votre petite entreprise, commencez votre plan d'affaires. Tout comme vous ne construiriez pas une maison sans un plan, vous ne devriez pas créer une entreprise sans créer un plan d'affaires pour guider la croissance. Votre plan d'affaires est la base de votre succès.

Pourquoi avez-vous besoin d'un plan d'affaires

Il existe plusieurs types de plans d'affaires pour différentes étapes du cycle de vie d'une entreprise, et pour différents objectifs et publics. Mais chacun de ces plans peut aider à déterminer où vous voulez que l'entreprise aille et comment vous comptez y arriver.

Votre plan doit être inspirant. Vous créez la vision et définissez la voie vers un avenir passionnant.

Lorsque vous partagez votre plan d'affaires avec des investisseurs potentiels, des banquiers et des partenaires commerciaux, vous voulez qu'ils soient aussi enthousiastes que vous.

Oui, un plan d'affaires comprend des recherches, des données et des projections financières. Mais ils sont là pour aider les autres à comprendre comment vous allez concrétiser votre vision. Prendre le temps maintenant d'élaborer un plan d'affaires vous aidera à attirer le soutien dont vous avez besoin.

Il est facile pour les futurs propriétaires d'entreprise de se laisser emporter par leur excellente idée. La rédaction d'un plan d'affaires vous oblige à être objectif plutôt que trop optimiste quant à votre entreprise. Lorsque vous vous asseyez et examinez honnêtement les composants de votre plan d'affaires objectifs, concurrents, conditions du marché, projections du marché, données financières - vous êtes mieux en mesure de prendre des décisions rationnelles.

Peut-être que votre idée géniale ne résiste pas à l'examen ou que les chiffres ne correspondent tout simplement pas.

Un plan d'affaires devrait vous indiquer la viabilité de votre nouvelle entreprise proposée. Vous devez connaître vos chances de succès avant de perdre du temps et de l'argent (ou l'argent des autres) dans l'entreprise.

D'autre part, le processus de planification peut vous donner un grand feu vert. Vous avez maintenant des objectifs concrets, des objectifs mesurables, des études de marché et des prévisions financières. Votre plan d'affaires vous indique non seulement où vous allez, mais aussi comment vous y rendre.

Un bon plan d'affaires prévoit la croissance de votre entreprise pour les cinq prochaines années. Cela vous aidera :

- ✓ Définissez votre idée d'entreprise en détail
- ✓ Identifiez vos clients potentiels et comprenez leurs données démographiques afin de pouvoir créer un plan marketing efficace
- ✓ Déterminez si votre entreprise est susceptible d'être rentable et quand vous pourriez atteindre le seuil de rentabilité
- ✓ Estimez les coûts de démarrage *(y compris le montant que vous devrez investir ou le financement dont vous aurez besoin)*

- ✓ Attirez du financement avec une proposition commerciale solide que vous pouvez montrer aux investisseurs
- ✓ Concevoir une stratégie marketing pour atteindre votre marché cible
- ✓ Comprendre votre créneau de marché en effectuant une analyse de marché de vos concurrents
- ✓ Anticiper les défis potentiels du marché
- ✓ Expliquer les objectifs et les méthodes de l'entreprise aux employés et guider l'embauche de nouveaux employés

Avant de rédiger votre business plan, il est important de comprendre le but de sa création en premier lieu. Voici les trois principales raisons pour lesquelles vous devez avoir un business plan :

➤ Établir une orientation commerciale

Le but principal d'un business plan est d'établir vos plans pour l'avenir. Ces plans doivent inclure des objectifs ou des jalons ainsi que des étapes détaillées sur la manière dont votre entreprise atteindra chaque étape. Le processus de création d'une feuille de route vers vos objectifs vous aidera à déterminer votre orientation commerciale et à poursuivre votre croissance.

➤ Financement sécurisé

L'une des premières choses que les investisseurs privés, les banques ou les autres prêteurs recherchent avant d'investir dans votre entreprise est un business plan bien documenté. Les investisseurs veulent savoir comment vous exploiter votre entreprise, quelles sont vos projections de revenus et de dépenses et, surtout, comment ils recevront un retour sur leur investissement.

➢ Attirer les cadres

Au fur et à mesure que votre entreprise se développe, vous allez probablement ajouter des cadres à votre équipe. Un business plan vous aide à attirer des cadres de talent et à déterminer s'ils conviennent ou non à votre entreprise.

Votre business plan peut être rédigé sous forme de document ou conçu sous forme de diaporama, comme une présentation PowerPoint. Il peut être avantageux de créer les deux versions. Par exemple, le PowerPoint peut être utilisé pour attirer les gens, et la version du document qui contient plus de détails peut être donnée aux téléspectateurs en guise de suivi.

Les différentes étapes de création d'un business plan

- **Résumé**

Le résumé analytique est la section la plus importante de votre business plan, car il doit attirer vos lecteurs dans votre plan et les inciter à continuer à lire. Si votre résumé ne capte pas l'attention du lecteur, il ne lira pas plus loin et son intérêt pour votre entreprise ne sera pas éveillé.

Même si le résumé est la première section de votre plan, vous devez l'écrire en dernier. Lorsque vous êtes prêt à rédiger cette section, je vous recommande de résumer le problème (ou le besoin du marché) que vous souhaitez résoudre, votre solution pour les consommateurs, un aperçu des fondateurs et/ou propriétaires et les principaux détails financiers. La clé de cette section est d'être bref mais engageant.

- **Descriptif de l'entreprise**

Cette section est un aperçu de l'ensemble de votre entreprise. Assurez-vous d'inclure des informations de base, telles que la date de création de votre entreprise, le type d'entité commerciale dont il s'agit - société à responsabilité limitée (LLC), entreprise individuelle etc et l'état dans lequel elle est enregistrée. Fournis un résumé de l'histoire de votre entreprise pour donner aux lecteurs une solide compréhension de sa fondation.

- **Produits et services**

Ensuite, décrivez les produits et/ou services fournis par votre entreprise. Concentrez-vous sur le point de vue de vos clients – et leurs besoins – en démontrant le problème que vous essayez de résoudre. L'objectif de cette section est de prouver que votre entreprise répond à un véritable besoin du marché et qu'elle restera viable dans un avenir prévisible.

- **Analyse du marché**

Dans cette section, définis clairement qui est votre public cible, où vous trouverez des clients, comment vous les atteindrez et, surtout, comment vous leur fournirez vos produits ou service. Fournissez une analyse approfondie de votre client idéal et de la manière dont votre entreprise lui fournit une solution.

Vous devez également inclure vos concurrents dans cette section et illustrer en quoi votre entreprise est unique et différente des entreprises établies du secteur ou du marché. Quelles sont leurs forces et leurs faiblesses, et comment allez-vous faire la différence ?

Vous devez également rédiger un plan marketing basé sur le contexte de votre entreprise. Par exemple, si vous êtes une petite entreprise locale, vous devez analyser vos concurrents situés à proximité. Les franchises doivent mener une analyse à grande échelle, potentiellement au niveau national. Les données sur les concurrents vous aident à connaître les tendances actuelles de votre secteur cible et le potentiel de croissance. Ces détails prouvent également aux investisseurs que vous connaissez très bien l'industrie.

Pour cette section, le marché cible répertorié brosse un tableau de ce à quoi ressemble votre client idéal.

Les données à inclure peuvent être la tranche d'âge, le sexe, les niveaux de revenu, l'emplacement, l'état matrimonial et les régions géographiques des consommateurs cibles.

- **Équipe de direction**

Avant que quelqu'un n'investisse dans votre entreprise, il souhaite avoir une compréhension complète de l'investissement potentiel. Cette section doit illustrer la façon dont votre entreprise est organisée. Il doit énumérer les membres clés de l'équipe de direction, les fondateurs/propriétaires, les membres du conseil d'administration, les conseillers, etc.

Au fur et à mesure que vous répertoriez chaque personne, fournissez un résumé de son expérience et de son rôle au sein de votre entreprise. Traitez cette section comme une série de mini CV et envisagez d'ajouter des CV complets à votre plan d'affaires.

- **Plan financier**

Le plan financier doit inclure un aperçu détaillé de vos finances. Vous devrez inclure des états des flux de trésorerie et des projections de profits et pertes au cours des trois à cinq prochaines années. Vous pouvez également inclure des données financières historiques des dernières années, vos prévisions de ventes et votre bilan. Considère que ces éléments incluent :

☞ Compte de résultat

Les investisseurs veulent des informations détaillées pour confirmer la viabilité de votre idée d'entreprise. Attendez-vous à fournir un état des résultats pour le plan d'affaires qui comprend un aperçu complet de votre entreprise. Le compte de résultat répertorie les revenus, les dépenses et les bénéfices. Les comptes de résultat sont générés mensuellement pour les startups et trimestriellement pour les entreprises établies.

☞ <u>Projection des flux de trésorerie</u>

Un autre élément de votre plan financier est votre projection des flux de trésorerie. Dans cette section, vous estimez le montant d'argent attendu entrant et sortant de votre entreprise.

Il y a deux avantages à inclure une projection des flux de trésorerie. La première est que cette prévision démontre si votre entreprise est une entreprise à risque élevé ou faible. Le deuxième avantage d'une projection des flux de trésorerie est qu'elle vous indique si vous bénéficieriez le plus d'un financement à court ou à long terme.

☞ <u>Analyse du seuil de rentabilité</u>

Votre plan financier doit inclure une analyse du seuil de rentabilité. Le seuil de rentabilité est le point auquel le total des ventes de votre entreprise couvre toutes ses dépenses. Les investisseurs veulent voir vos besoins en revenus pour évaluer si votre entreprise est capable d'atteindre les jalons financiers que vous avez définis dans votre business plan.

Assurez-vous que cette section est précise et exacte. Il est souvent préférable de créer cette section avec un comptable professionnel. Si vous recherchez un financement externe pour votre entreprise, indique pourquoi vous recherchez un financement, comment vous utiliserez cet argent et quand les investisseurs peuvent s'attendre à un retour sur investissement.

- **Plan opérationnel**

La section du plan opérationnel détaille les besoins physiques de votre entreprise. Cette section traite de l'emplacement de l'entreprise, ainsi que de l'équipement requis ou des installations essentielles nécessaires à la fabrication de vos produits. Certaines entreprises selon leur type d'activité peuvent également avoir besoin de détailler leurs besoins d'inventaire, y compris des informations sur les fournisseurs. Pour les entreprises manufacturières, tous les détails de traitement sont précisés dans la section du plan opérationnel.

Pour les startups, le plan opérationnel peut être diviser en deux phases distinctes : le plan de développement et le plan de production.

* Plan de développement

Le plan de développement détaille chaque étape du processus de commercialisation de votre produit ou service. Vous pouvez décrire les risques et les protocoles que vous souhaitez pour démontrer aux investisseurs que vous avez examiné toutes les responsabilités potentielles et que votre entreprise est bien positionnée pour réussir.

Par exemple, si des travailleurs (ou les produits) sont exposés à des matières toxiques pendant le processus de production, dans votre plan de développement, vous devez énumérer les mesures de sécurité que vous suivrez pour minimiser le risque de maladie et de blessure pour les travailleurs et les consommateurs et comment vous prévoyez de minimiser toute culpabilité potentielle pour votre entreprise.

* Plan de production

Le plan de production comprend les informations de fonctionnement au jour le jour, telles que les heures d'ouverture, le(s) site(s) de travail, les actifs de l'entreprise, les pièces d'équipement, les matières premières et toute exigence particulière.

* Choix du statut juridique

Cette rubrique a un impact significatif sur de nombreux éléments comme l'organigramme et la fiscalité du futur établissement. Elle inclut en effet la structure juridique choisie et les contrats requis pour l'entreprise.

Vous devez par exemple, prévoir des pactes d'associés lors d'une création d'activité avec d'autres porteurs de projet.

De plus, le statut juridique peut avoir une incidence sur le type de plan de financement envisageable pour votre activité. L'État accorde notamment des privilèges fiscaux aux micro-entreprises. Certains investisseurs, eux, préfèrent les sociétés avec des responsabilités limitées.

Ainsi, il faudra clairement :

- Présenter la forme juridique de ton entreprise
- Justifier le choix de la structure juridique mentionnée
- Détailler la répartition du capital
- Indiquer ton régime d'imposition (micro-fiscal, IR, IS...)
- Préciser le partage des pouvoirs et des responsabilités entre associés (dans le cas d'une société)
- L'IR (impôt sur le revenu) s'applique par défaut à différents statuts juridiques comme la microentreprise, l'EI, l'EURL, l'EIRL ou encore la SNC.

Prévoir la charge de travail et dimensionner l'équipe

La planification de la charge de travail aide votre équipe à travailler plus intelligemment

Nous sommes tous passés par là : une semaine, vous avez plus de tâches que vous ne pouvez en accomplir, et la suivante, vous vous tournez les pouces et faites défiler sans réfléchir Twitter.

Ne serait-il pas tellement mieux si vous et votre équipe travailliez régulièrement chaque semaine ?

Plus de fête ni de famine. Juste une charge de travail régulière et équilibrée qui joue sur les forces de chacun.

Ce concept vous aide à atteindre cet équilibre pour votre équipe de projet et à récolter tous les avantages qui en découlent.

La planification de la charge de travail, parfois appelée gestion de la charge de travail, est une approche stratégique pour maximiser la productivité de votre équipe. Vous attribuerez des tâches en fonction de la capacité, du niveau de compétence et du domaine de spécialisation des membres de l'équipe.

Vous prendrez également en compte des facteurs tels que les congés et les heures nécessaires pour les tâches administratives ou hors projet.

La planification de la charge de travail est un processus actif. Vous devrez régulièrement revoir et réviser votre répartition de la charge de travail à mesure que votre projet évolue ou que la dynamique de votre équipe change.

La gestion de la charge de travail de votre équipe selon cette approche résout immédiatement quelques problèmes commerciaux courants.

Tout d'abord, cela vous aide à vous assurer que votre équipe a toujours suffisamment de tâches pour rester occupée et productive. Cela permet de maintenir l'engagement des employés tout en maximisant les revenus de l'entreprise.

Deuxièmement, la gestion de la charge de travail empêche les membres de l'équipe d'être surchargés de tâches, stressés et épuisés - un problème chronique dans la main-d'œuvre. Dans une étude de l'année dernière, 58 % des travailleurs ont déclaré qu'ils souffraient d'épuisement professionnel.

Enfin, la planification de la charge de travail peut fournir une source unique de vérité sur les affectations de tâches et d'autres informations, comblant le manque de communication qui laisse 80 % des travailleurs stressés.

Quels sont les avantages de la planification de la charge de travail ?

La planification de la charge de travail profite à l'ensemble de votre entreprise. Cet exercice peut éliminer ou réduire une tonne de problèmes de charge de travail.

Voici quelques-uns des nombreux avantages que la planification de la charge de travail peut apporter à votre organisation :

Réduit le stress et l'épuisement professionnel des employés : 47 % des employés qui signalent un épuisement professionnel l'attribuent à leur charge de travail. La planification de la charge de travail vous permet de réduire la lourde charge de travail d'un employé avant que l'épuisement professionnel ne devienne un problème.

Atténue les erreurs : lorsque vous attribuez des tâches en fonction des compétences, vous pouvez vous assurer que le travail le plus prioritaire est effectué par l'employé le mieux placé pour le gérer. Vous ferez mieux correspondre les tâches aux compétences dans tous les domaines.

Donne aux managers un aperçu du travail de l'équipe : l'examen de la charge de travail actuelle de votre équipe vous permet d'identifier vos meilleurs et vos sous-performants. Vous découvrirez également des moyens d'optimiser la répartition de votre charge de travail pour que tout le monde fonctionne à des niveaux similaires.

Améliore la santé mentale des employés : 58 % des employés ne sont pas totalement satisfaits de leur flux de travail quotidien, ce qui les rend moins engagés et moins productifs que les employés satisfaits.

Grâce à la planification de la charge de travail, vous pouvez atténuer une partie de cette insatisfaction en jouant sur les points forts de votre employé.

Surtout, la planification de la charge de travail fait des merveilles pour la productivité de votre équipe.

Lorsque le travail est équitablement attribué en fonction des forces et de la disponibilité des employés, cela permet d'utiliser au mieux le temps et les efforts de chacun. Et lorsque les niveaux de stress diminuent et que l'engagement augmente, la productivité s'améliore à tous les niveaux.

Comment planifier la charge de travail de votre équipe

La planification de la charge de travail consiste en quelques étapes simples, mais ce n'est pas toujours un processus simple.

Trouver le bon équilibre entre les ressources et les tâches au sein de votre équipe peut demander un peu de pratique. Vous devrez tenir compte de nombreux facteurs susceptibles de changer de manière inattendue.

Bien que la planification de la charge de travail puisse parfois être complexe, si vous suivez ces étapes et utilisez un outil de gestion de la charge de travail, vous disposerez d'une base solide à partir de laquelle vous pourrez tester et optimiser la charge de travail de votre équipe.

- **Faites une liste de tout ce que votre équipe doit faire**

La toute première étape de la planification de la charge de travail consiste à obtenir une image complète de la charge de travail réelle de votre équipe pour le projet à venir ou une autre période appropriée, selon le fonctionnement de votre équipe.

Réfléchissez à chaque tâche que votre équipe doit accomplir dans votre calendrier. Cette liste doit inclure tout, des tâches hautement prioritaires et spécialisées aux tâches d'administration ou aux éléments de travail généraux comme la vérification des e-mails ou la participation à des réunions. N'ayez pas peur de demander à votre équipe des informations sur les autres tâches qu'ils accomplissent quotidiennement ou hebdomadairement. Vous voulez que votre liste de tâches soit aussi complète que possible avant de commencer à assigner du travail.

- **Tenir compte de la capacité de travail de chaque membre de l'équipe**

Maintenant que vous avez votre liste de tâches, vous devez déterminer le temps dont votre équipe dispose pour y travailler.

Tout d'abord, faites une liste du temps total que vos employés sont censés travailler au cours de votre projet. Sont-ils au bureau 8 heures par jour ?

Ensuite, trouvez le nombre réel d'heures de travail pour chaque employé en tenant compte des congés à venir, des déjeuners ou autres pauses, des réunions régulières, etc. Cela vous aidera à vous assurer que les employés ont réellement le temps d'accomplir leurs tâches.

Enfin, tenez compte des compétences ou des forces particulières de vos employés. Il peut s'agir d'un rapport avec un client particulier, d'une formation spécialisée dans l'industrie ou de tout ce qui pourrait les rendre plus aptes à une tâche plutôt qu'à une autre.

Bien que vous n'ayez pas à répondre à toutes les forces ou préférences de votre équipe, le faire autant que possible conduit à un travail de meilleure qualité et à des employés plus engagés. C'est un gagnant-gagnant pour tout le monde.

- **Attribuer des tâches aux membres de l'équipe**

Commencez à tout rassembler en attribuant des tâches.

Attribuez d'abord les tâches les plus prioritaires, en les attribuant au membre de l'équipe le mieux adapté à chaque tâche en fonction de la capacité et des forces que vous avez décrites à l'étape précédente.

Pour rendre cela aussi simple que possible, utilisez un modèle d'allocation de ressources ou une mise en page similaire de monday.com.

Vous ne le ferez probablement pas parfaitement la première fois. Vous devrez changer de tâche ou apporter des modifications en raison des besoins des employés, des modifications de la portée du projet ou d'un certain nombre d'autres choses. Mais avec une ligne de base solide, il sera beaucoup plus facile de faire ces ajustements.

- **Utilisez un outil de planification de la charge de travail pour visualiser le travail de votre équipe**

Les feuilles de calcul ou autres processus manuels sont extrêmement inefficaces pour la planification de la charge de travail. Lorsque vous apportez un changement, il est difficile d'être sûr que vous avez mis à jour tout ce que le changement a impacté.

Un outil de planification de la charge de travail, en revanche, vous aide à être plus productif et à planifier le travail plus rapidement.

En fait, lorsque les gens utilisent un outil en ligne pour gérer leur travail, ils sont deux fois plus susceptibles de dire que leur entreprise est très efficace.

Au fur et à mesure que les choses progressent ou changent, vous pourrez glisser-déposer des tâches vers différentes dates d'échéance ou membres de l'équipe pour équilibrer les charges de travail. Tout sera mis à jour instantanément et toute votre équipe sera toujours sur la même longueur d'onde.

Cela signifie que tout le monde peut obtenir immédiatement une mise à jour précise sur ses projets, ce que 47 % des personnes déclarent trouver difficile.

- **Enregistrez-vous régulièrement et passez en revue avec votre équipe**

Assurez-vous que votre équipe comprend et peut suivre votre plan de charge de travail. Donnez-leur l'occasion de présenter toute préoccupation ou tout conflit avec les tâches qui leur ont été assignées et de faire les ajustements que vous jugez nécessaires.

N'oubliez pas que votre plan de travail est un document évolutif. Au fur et à mesure que la portée change, que de nouvelles tâches émergent ou que de nombreux autres facteurs entrent en jeu, vous devrez revoir et vérifier à nouveau avec votre équipe pour réduire le risque d'épuisement professionnel.

Une communication comme celle-ci est essentielle pour impliquer les employés et atténuer le stress. Ce qui est important pour un lieu de travail heureux.

73 % des travailleurs disent que se sentir valorisés et engagés les incite à se soucier davantage de leur travail, tandis que 67 % disent que cela les motive à aller au-delà de leurs fonctions.

C'est clair : une bonne gestion de la charge de travail est l'un des meilleurs moyens d'améliorer l'expérience de travail d'un employé tout en améliorant la productivité.

2ème Partie

DE ZÉRO À UN

Enregistrez votre entreprise (Le choix de la forme juridique)

Enregistrer sa société : Qu'est-ce que ça veut dire

Enregistrer une entreprise revient en fait à demander son immatriculation au Répertoire National des Entreprises (RNE). Cette démarche est obligatoire et permet à l'entreprise d'obtenir un numéro d'immatriculation unique à 9 chiffres *(numéro d'immatriculation au répertoire SIREN)*. Ce numéro est complété par 5 chiffres. Ensemble, ils forment un numéro SIRET. Une entreprise possède autant de numéros SIRET qu'il y a de succursales *(siège social, siège social, succursales, filiales)*.

Lorsque les partenaires commencent le processus de constitution en société, leurs sociétés sont dites « informatives ». Pendant cette période et avant la date d'enregistrement, vous pouvez effectuer certaines actions.

Ces actions sont ensuite validées et reprises par l'entreprise. L'entreprise reçoit des extraits du greffe auquel il a demandé son inscription.

Il s'agit de l'extrait Kbis. Ce document constitue la carte d'identité de l'entreprise et enfin, l'INSEE lui transmet également une attestation d'inscription au répertoire SIRENE. L'enregistrement est la dernière étape du processus de création d'entreprise. Après tout, l'entreprise existe officiellement. Cela dit, avant de déposer la demande d'immatriculation, les associés d'une société doivent avoir effectué de nombreuses démarches.

Comment choisir la forme juridique de votre entreprise

Le choix d'une identité juridique est un enjeu auquel sont confrontés tous les créateurs d'entreprise. Il n'y a pas de statut juridique idéal, mais un seul adapté selon les souhaits de chaque entrepreneur, la nature et l'importance du projet. Vous trouverez ci-dessous les critères de sélection à prendre en compte lors du choix du statut juridique de votre entreprise.

- **Critère 1 pour choisir le statut juridique de votre entreprise : Avec la volonté de s'associer**

Le choix du statut juridique d'une entreprise dépend avant tout du nombre de personnes qui contribuent au projet entrepreneurial (ou à la reprise d'entreprise). Lorsque le porteur de projet souhaite travailler seul, il peut choisir parmi les identités juridiques suivantes :

⇨ Entreprise individuelle (EI)
⇨ Entreprise Individuelle à Responsabilité Limitée (EIRL)
⇨ Entreprise Individuelle à Responsabilité Limitée (EURL)
⇨ Société par Actions Unique Simplifiée (SASU).

L'un des avantages du recours à l'EURL ou à la SASU (outre qu'il protège le patrimoine de l'associé - voir section 2) est qu'il peut faire intervenir ultérieurement d'autres associés sans égard à la transformation de l'entreprise (et subir les conséquences fiscales qui en découlent).

A l'inverse, une microentreprise est une forme hyper simplifiée qui permet de *"tester une campagne"* sans surcoût à créer et à fermer au cas où elle ne démarrerait jamais.

Si le porteur de projet souhaite s'associer avec d'autres personnes, il doit choisir une structure sociale dont les plus courantes sont :

⇨ Société à Responsabilité Limitée (SARL),
⇨ Société par Actions Simplifiée (SAS),
⇨ Société anonyme (SA),
⇨ Société en nom collectif (SNC),
⇨ Liberty Sports Corporation (SEL).

- **Critère n° 2 pour choisir le statut juridique de son entreprise : la protection du patrimoine**

Lorsque l'entrepreneur dispose d'un patrimoine privé qu'il souhaite mettre à l'abri des aléas de son activité professionnelle, il peut s'orienter vers :

Une structure en nom propre :

⇨ L'EIRL en composant soigneusement son patrimoine affecté,
⇨ L'entreprise individuelle avec l'établissement d'une déclaration d'insaisissabilité,
⇨ Une forme sociétale dans laquelle la responsabilité est limitée au montant des apports :
⇨ La SARL ou l'EURL,
⇨ La SAS ou la SASU,
⇨ La SA...

Dans ce cas, il conviendra de veiller à ne pas opter pour une structure dans laquelle les associés sont responsables indéfiniment et solidairement des dettes sociales (dispositions prévues pour la Société en Nom Collectif – SNC – par exemple).

- **Critère n° 3 pour choisir le statut juridique de son entreprise : l'ampleur du projet**

Selon la taille du projet, certains statuts juridiques sont plus appropriés que d'autres. En effet, les entreprises qui nécessitent des investissements importants (et donc un financement important) sont souvent considérées comme des sociétés de capitaux, comme une société par actions simplifiée (SAS) ou une société anonyme (SA).

La SAS permet notamment :

- ➤ De créer différentes catégories d'actions (actions à droit de vote double, actions à dividendes prioritaires, etc.)
- ➤ De prévoir dans les statuts une clause d'agrément, une clause d'exclusion ou une clause d'inaliénabilité
- ➤ Il sera également possible de prévoir, en supplément des statuts, un pacte d'associés ou un pacte d'actionnaires.

- **Critère n° 4 pour choisir le statut juridique de son entreprise : le régime social du dirigeant**

Chaque statut juridique correspond un régime social. Ces derniers sont soit des *"salariés équivalents"*, soit des *"non-salariés"*.

Les gérants de SA, SAS, SASU, ou les gérants non affiliés, minoritaires ou assimilés de SARL sont assimilés à des salariés. Il cotise aux mêmes caisses que ces dernières *(hors assurance chômage le plus souvent)* et bénéficie de la même protection sociale.

Les gérants majoritaires de SARL/EURL, les entreprises individuelles, les EIRL, voire tous les actionnaires de la SNC sont considérés comme des « *Indépendants (TNS)* » et cotisent à des fonds spéciaux (RSI pour les commerçants/artisans). MSA pour les Agriculteurs, URSSAF pour les Indépendants, Maladie et Vieillesse).

Les salariés égaux bénéficient d'une meilleure protection sociale que les chômeurs en termes d'allocations de soins et de remboursements de retraite, mais à un coût plus élevé pour les entreprises.

Ce déficit de protection se comble de plus en plus puisque les indépendants peuvent conclure avec des sociétés privées des contrats déductibles des bénéfices de l'entreprise (contrats Madelin par exemple) et couvrant une large gamme de risques (mutuelle, retraite, etc.).

La place que souhaite occuper le conjoint de l'entrepreneur est également déterminante dans le choix du statut juridique de l'entreprise :

- ➢ Conjoint collaborateur : statut ouvert au conjoint ou au partenaire d'un chef d'entreprise ainsi qu'au conjoint/partenaire d'un gérant majoritaire de SARL ou d'EURL de 20 salariés au plus à la double condition qu'il participe effectivement à l'activité et qu'il ne soit pas associé de la SARL.
- ➢ Conjoint salarié : statut ouvert au conjoint ou au partenaire du chef d'entreprise ou du dirigeant d'une société aux conditions suivantes : participation effective à l'activité, présence d'un contrat de travail et rémunération adéquate aux services rendus.
- ➢ Conjoint associé : statut ouvert au conjoint ou au partenaire du dirigeant d'une société associée de celle-ci.

Les modalités de calcul et de recouvrement des cotisations sociales des indépendants (non-salariés) dépendent du régime fiscal de l'entreprise. Lorsque l'entreprise est soumise à l'impôt sur les sociétés, les cotisations sociales sont calculées sur la base des rémunérations perçues (majorées éventuellement de la quote-part de dividendes perçus excédent le seuil de 10% du capital et des apports en compte courant pour les SARL/EURL/SELARL).

Lorsque l'entreprise est soumise à l'impôt sur le revenu, les cotisations sociales sont calculées sur un revenu social *(c'est-à-dire un bénéfice comptable retraité)*, peu importe qu'il ait été intégralement perçu par le dirigeant ou non.

Créez votre premier produit ou service

Les nouveaux produits et services

Les nouveaux produits et services sont la pierre angulaire de toutes les entreprises. Investir dans leur développement n'est pas une option - c'est crucial pour la croissance et la rentabilité de l'entreprise.

Mais se lancer dans le processus de développement est risqué. Cela nécessite une planification et une organisation considérables.

Le cycle de vie des produits et services

Il existe cinq étapes clés dans le cycle de vie de tout produit ou service.

- Développement

À ce stade, votre produit ou service n'est qu'une idée. Vous investissez massivement dans la recherche et le développement.

- Introduction

Vous lancez votre produit ou service. Vous dépensez beaucoup en marketing.

- Croissance

Votre produit ou service s'établit. Vous avez peu de concurrents, les ventes augmentent et les marges bénéficiaires sont bonnes. Il est maintenant temps de déterminer comment vous pouvez réduire les coûts de livraison du nouveau produit.

- Maturité

La croissance des ventes ralentit ou s'est même arrêtée. Vous avez réussi à réduire les coûts de production et de commercialisation, mais la concurrence accrue a fait baisser les prix. C'est probablement le meilleur moment pour investir dans un nouveau produit.

- Déclin

Des produits ou services nouveaux et améliorés sont sur le marché et la concurrence est forte. Les ventes chutent et les marges bénéficiaires diminuent. Une commercialisation accrue aura peu d'impact sur les ventes et ne sera rentable que si de nouveaux marchés sont identifiés.

Gérer le cycle de vie

Identifier où se situent les produits ou services dans leur cycle de vie est essentiel à votre rentabilité. Une recherche efficace sur vos marchés et vos concurrents vous aidera à le faire. Consultez notre guide sur la façon de comprendre vos concurrents.

Vous pouvez prolonger le cycle de vie d'un produit ou d'un service en investissant dans une "stratégie d'extension". Vous pourriez :

- ✓ Augmenter vos dépenses promotionnelles
- ✓ Introduire des innovations mineures - peut-être en ajoutant des fonctionnalités supplémentaires ou en mettant à jour la conception
- ✓ Rechercher de nouveaux marchés

Mais en fin de compte, cela ne fait que retarder le déclin d'un produit ou d'un service.

Idéalement, vous devriez toujours avoir de nouveaux produits ou services à introduire au fur et à mesure que d'autres déclinent afin qu'au moins une partie de votre gamme affiche un pic de ventes

Développer vos idées

Il y a beaucoup en jeu lors du développement d'un nouveau produit ou service. Pour minimiser les risques et allouer judicieusement les investissements et les ressources, vous devez tenir compte d'un certain nombre de facteurs :

- o Votre nouveau produit ou service répondra-t-il aux spécifications des clients ? Par exemple, considérez sa conception, sa facilité d'utilisation et ses avantages en termes de performances.
- o Dans quelle mesure le produit ou le service est-il techniquement faisable ? Pouvez-vous répondre aux exigences de conception, de ressources et de fabrication ?
- o Êtes-vous clair sur ce que vous espérez réaliser avec le nouveau produit ou service ? Est-ce que cela correspond à la stratégie décrite dans votre plan d'affaires et joue-t-il sur les points forts de votre entreprise ?

Plus vous êtes clair sur vos plans, mieux vous pouvez analyser les risques encourus.

Les conseils suivants peuvent également être utiles :

Consultez les membres de votre équipe au sujet de vos plans de développement ils peuvent apporter des informations que vous avez négligées

- ❑ Demander l'avis de fournisseurs et d'autres partenaires commerciaux - leur expertise spécialisée pourrait être inestimable
- ❑ Tester de nombreuses idées au début d'un projet - il en coûte relativement peu d'évaluer lesquelles sont les plus prometteuses, mais assurez-vous d'arrêter de travailler sur des idées qui ne répondent pas à vos critères avant de consacrer beaucoup de temps et de ressources
- ❑ Demandez à vos meilleurs clients ce qu'ils pensent de vos plans
- ❑ Tenir compte du cadre réglementaire dans lequel votre nouveau produit ou service fonctionnera
- ❑ Ne négligez pas l'impact environnemental de vos projets
- ❑ Regarder au-delà du potentiel immédiat d'un nouveau produit ou service et envisager le plus long terme

Adapter les produits et services aux besoins du marché

Les nouveaux produits et services doivent offrir des avantages qui répondent aux besoins de vos clients. Vous devez découvrir de quoi il s'agit.

Les études de marché, utilisant des techniques telles que les sondages et les groupes de discussion, vous aideront à le faire.

N'oubliez pas que même si l'utilisateur final de votre produit ou service peut être votre client le plus important, vous devrez peut-être tenir compte des besoins des autres parties.

Par exemple, si vous planifiez un nouveau produit de bricolage, vous devrez réfléchir à la façon dont les détaillants le stockeront ainsi qu'à la manière dont il profitera aux décorateurs professionnels. Si vous créez un jouet, vous devez tenir compte de ce que les parents et les enfants en penseront.

Votre concours

Non seulement vous devez répondre aux besoins de vos clients, mais vous devez le faire d'une manière qui soit meilleure que les alternatives proposées par la concurrence.

Votre nouveau produit ou service a besoin d'une proposition de vente unique - une caractéristique ou une propriété qui le distingue sur le marché. Avant d'entrer sur le marché, vous devez déterminer :

> Comment les besoins des clients sont actuellement satisfaits
> Pourquoi les clients choisiraient votre produit ou service plutôt que ceux de la concurrence, maintenant et à l'avenir
> Quels risques vous êtes prêt à prendre pour lancer votre produit ou service sur ce marché

Tarification de votre service ou produit proposé

L'établissement d'une stratégie de prix pour un nouveau produit ou service est une partie importante du processus de développement. Vous devriez envisager de fixer un prix au moment où vous décidez de faire avancer une idée, car cela déterminera combien vous pouvez vous permettre d'investir dans le projet.

Vous devrez prendre en compte les facteurs suivants :

o Les avantages - ou la valeur - pour le client de votre produit ou service par rapport à ce que la concurrence a à offrir. Le prix sera-t-il celui que les clients sont prêts à payer ?

o Que vous soyez ou non le premier à commercialiser. Votre produit ou service est-il révolutionnaire ou suivez-vous une tendance du marché ?

o Les canaux de vente que vous souhaitez utiliser, qui affecteront vos dépenses promotionnelles et vos coûts de distribution.

o La rapidité avec laquelle vous souhaitez établir votre produit ou service.

o Le cycle de vie prévu de votre produit ou service.

o Que vous couvriez vos frais.

La tarification stratégique peut être utilisée pour stimuler les ventes et réguler la demande.

Le processus de développement du projet

Un processus efficace de développement de produits ou de services doit être divisé en plusieurs étapes clés :

o Génération d'idées - pour capturer de nouvelles idées.

o Distillation d'idées - pour filtrer les idées qui ne valent pas la peine d'être avancées.

o Définition du concept - pour examiner les spécifications telles que la faisabilité technique et le potentiel du marché. Si vous planifiez un nouveau produit, vous devriez envisager le processus de conception dès maintenant.

o Analyse stratégique - pour s'assurer que vos idées s'inscrivent dans les plans stratégiques de votre entreprise.

o Développement de concept - pour créer un produit prototype ou un service pilote.

o Testez le marketing et finalisez le concept - pour vous assurer que votre produit ou service peut être modifié en fonction des commentaires des clients, des fabricants et des organisations d'assistance. Cela signifie décider du meilleur moment et du meilleur processus pour piloter votre nouveau produit ou service.

o Lancement de produit - l'étape la plus délicate. Avant de fixer une date, vous devez déterminer comment vendre, promouvoir et soutenir votre produit ou service. Bien faire les choses du premier coup est essentiel. Mais toute décision de retarder votre lancement doit être mise en balance avec le danger que vos concurrents vous battent sur le marché.

Dans la pratique, certaines de ces étapes peuvent se chevaucher, mais la présence d'un processus par étapes aidera à maîtriser les délais et les coûts.

Création d'une équipe projet

Chaque nouveau produit ou service potentiel nécessite une équipe de développement dédiée.

Lors de la création de votre équipe, vous devez inclure des personnes aux compétences variées. Par exemple, en plus d'une personne chargée d'idées créatives, vous pouvez également avoir besoin d'un expert technique, d'un spécialiste du marketing, d'une personne capable de s'approvisionner en composants et d'une personne qui comprend les difficultés de la chaîne d'approvisionnement que vous pourriez rencontrer.

Tous les membres de l'équipe doivent comprendre les objectifs de votre entreprise et s'y engager.

Il existe de nombreuses formes de travail d'équipe efficace et celle qui vous convient dépendra des besoins de votre entreprise. Par exemple, les membres de l'équipe peuvent :

- o Travailler comme une unité dédiée à un projet, rapportant à un chef de projet
- o Travailler exclusivement sur un projet mais rester dans des départements séparés relevant des chefs de département qui relèvent du chef de projet
- o Travailler sur plusieurs projets à la fois avec un chef de service et un chef de projet pour suivre les progrès

Les équipes ont besoin de quelqu'un dans un rôle de gestion de projet pour diriger, coordonner et motiver l'équipe.

Maîtrise des investissements et des coûts

Le développement de nouveaux produits et services est un processus intrinsèquement risqué. Vous devez planifier soigneusement tout investissement et contrôler strictement vos coûts.

Vous devez :

- Prendre en compte tout investissement futur dans des produits et services dans votre plan d'affaires stratégique
- Planifier exactement où cet investissement sera dirigé
- Justifier les dépenses de chaque projet
- Gérer vos coûts

Avant de prendre des décisions d'investissement, réfléchissez aux avantages que votre entreprise peut tirer d'un produit ou d'un service terminé. Comparez cela aux risques auxquels vous êtes confronté.

Phaser le développement de nouveaux produits

Une façon de minimiser vos risques consiste à échelonner les investissements dans les projets. En examinant un projet à la fin de chaque phase ou étape de développement, vous pouvez identifier les produits ou services qui ont peu de chances de réussir avant que les ressources ne soient gaspillées. Si le produit ou le service ne répond pas aux critères établis, le projet est abandonné. S'il les atteint, des ressources suffisantes pour lui permettre d'atteindre une étape suivante, prédéterminée, lui sont allouées.

Trouver du soutien

Une gamme de subventions gouvernementales et d'allégements fiscaux est disponible pour la recherche et le développement de nouveaux produits.

Contrôle des coûts

Il est essentiel de surveiller de près les coûts lorsque vous développez de nouveaux produits et services pour éviter qu'ils ne deviennent incontrôlables. Tu devrais :

★ Estimer les coûts de développement à l'avance, comme décrit ci-dessous
★ Surveiller les dépenses tout au long du processus de développement
★ Introduire des investissements progressifs, comme décrit ci-dessus.

Il existe deux manières principales d'estimer les coûts :

✳ Une approche descendante où vous considérez des projets comparables antérieurs et les utilisez comme référence
✳ Une approche ascendante où tous les membres de l'équipe conviennent des coûts qu'ils prévoient d'engager avec un chef de projet, qui estimera ensuite le coût total.

N'oubliez pas que vos coûts peuvent inclure la dotation en personnel, les matériaux, la technologie, la conception de produits, les études de marché, le prototypage et les frais généraux supplémentaires.

Gérer un projet de développement

Les chefs de projet sont essentiels pour assurer le succès du développement de nouveaux produits ou services. Ils seront responsables de :

⇨ Contrôler les coûts et allouer les ressources - pour plus d'informations, voir la page de ce guide consacré à la maîtrise des investissements et des coûts
⇨ Établir les paramètres clés de la spécification du produit ou du service
⇨ Coordonner l'équipe de développement de produits - pour plus d'informations, consultez la page de ce guide sur la création d'une équipe de projet
⇨ Calendrier du processus de développement
⇨ Dépannage

Calendrier du processus de développement

Votre chef de projet doit établir un chemin critique pour la réalisation des tâches clés. Des objectifs SMART (spécifiques, mesurables, convenus, réalistes et limités dans le temps) peuvent aider à contrôler et à coordonner la progression de l'équipe de développement sur cette voie et des étapes peuvent être utilisées pour suivre les progrès.

Cependant, la flexibilité doit être intégrée dans vos plans. Un certain nombre d'inconnues peuvent entrer en jeu et entraîner, par exemple, une modification des spécifications du projet ou de la date d'achèvement prévue.

10 étapes pour créer votre premier produit

Avouons-le, votre premier produit échouera très probablement. La création d'un produit ou d'un service réussi consiste à créer constamment des prototypes, à peaufiner, à affiner, à commettre des erreurs, à apprendre et à répéter.

Cela peut sembler un gâchis chaotique, mais il y a un processus derrière cela - un processus qui peut être appliqué non seulement à votre premier produit, mais aussi à votre première startup, site Web ou petite entreprise.

Voici 10 étapes pour créer votre produit ou service :

1. Se connaître

La vie d'entrepreneur n'est pas pour tout le monde. Il est rempli d'échecs, d'incertitudes et de nuits blanches. Mais, parfois, il y a ces petites sensations fortes que seul un entrepreneur peut connaître - une nouvelle idée, un *"moment aha"*, un petit pas vers votre objectif.

Si vous pensez que vous êtes prêt à consacrer votre vie à votre produit et à gérer les hauts et les bas, alors lisez la suite...

2. Remplissez le vide

Peut-être avez-vous déjà une idée en tête, peut-être pas. Quoi qu'il en soit, identifiez l'écart que vous comblez.

Il pourrait s'agir d'un écart physique ou émotionnel dont le marché a besoin. Par exemple, une canne mieux conçue comble un vide physique en améliorant l'immobilité d'une personne. Des haut-parleurs amusants en forme de jouet ont comblé un vide émotionnel, créant une satisfaction de bonheur.

Afin de comprendre quel produit fabriquer, vous devez comprendre le comportement des consommateurs et où se situent les lacunes.

3. Recherche

Qu'est-ce qui existe déjà ? Il s'agit d'une étape très importante afin de déterminer si et comment vous devez développer votre produit. Identifiez vos concurrents en examinant les caractéristiques, le prix, la taille des concurrents, la distribution et la conception. Si vous trouvez un produit similaire, il y a peut-être une lacune sur le marché qui pourrait le positionner d'une nouvelle manière. Certaines personnes décident de prendre plus de risques en créant quelque chose de tout nouveau, tandis que d'autres préfèrent la voie plus sûre consistant à suivre les traces d'un autre inventeur. Revisitez la première étape : connaissez-vous. Décidez du niveau de risque que vous êtes prêt à prendre.

4. Définir les exigences

Quelles sont les exigences minimales pour combler votre lacune ? Lorsque vous débutez, n'ajoutez pas un tas de « *fonctionnalités* » à votre produit qui, selon vous, éblouiront vos clients. En créant les exigences minimales, vous saurez ce que votre client veut vraiment. *Faites une chose bien d'abord - Vous pouvez enregistrer les cloches et les sifflets pour la version 2.0 par exemple.*

5. Concevez plusieurs versions

Esquissez autant de versions de conception de votre concept initial que vous pouvez imaginer. C'est ici que vous mettez votre cap créatif. Pensez sauvage, grand et impossible, et vous proposerez des solutions uniques et innovantes. Vos croquis peuvent être grossiers, inachevés ou laids tout sauf parfaits.

6. Choisissez vos meilleurs concurrents

Choisissez 1 à 3 des concepts que vous préférez et décidez quelles fonctionnalités vous aimez chez chacun. Compilez ces idées ensemble, en créant différentes maquettes et versions. Continuez à peaufiner jusqu'à ce que vous soyez prêt pour l'étape suivante.

7. Prototype

Créez votre premier prototype imprimé en 3d ou même un prototype fait à la main. Si vous créez un site Web ou une application, utilisez un outil de wireframing. De nos jours, il existe de nombreuses façons peu coûteuses de créer des prototypes, notamment l'achat d'une imprimante 3D bon marché, la sculpture de mousse et de bois, ainsi que des outils Web tels que Mockflow ou Adobe Illustrator.

8. Tests utilisateurs

Invitez vos clients potentiels à tester et à vous faire part de leurs commentaires sur votre prototype. Vous n'avez pas besoin d'avoir un prototype de travail fantaisiste. Le plus important est de voir comment ils interagissent avec et comprennent votre produit.

9. Affinez votre conception

Une fois que vous avez compris quels produits et fonctionnalités fonctionnent (et non), commencez à améliorer la fonction et l'esthétique. C'est ici que vous apportez la beauté.

10. Donnez-lui vie

Une fois que vous avez validé votre produit, remplissez le vide et finalisé le produit, il est temps de construire ! Commencez petit, commencez simplement. Commandez le nombre minimum d'unités que vous pouvez obtenir ou créez la version simplifiée de votre site Web ou de votre application. Il s'agit de votre première exposition à des informations réelles sur le marché et il reste encore de nombreuses leçons à apprendre

Rincez, lavez et répétez. N'oubliez pas qu'il s'agit d'un processus évolutif. Vous construisez, prototypez et affinez constamment.

Indépendamment du succès ou de l'échec de votre première remise des gaz, prenez les connaissances que vous avez acquises et recommencez à zéro. Chaque fois, vous vous rapprocherez de ce succès

Sélectionner ses outils de gestion

Qu'est-ce qu'un logiciel de gestion d'entreprise ?

Quelle que soit la taille de votre organisation, la gestion de votre entreprise peut être une activité stressante et exigeante. C'est particulièrement le cas si vous essayez de le faire vous-même, sans compter sur les bons outils de gestion qui peuvent vous faciliter la vie.

Il est établi que plus de la moitié des propriétaires de petites entreprises travaillent six ou sept jours par semaine, et 62 % consacrent plus de 50 heures hebdomadaires à leur entreprise. Pensez simplement à coordonner et à organiser toutes les opérations quotidiennes, à diriger vos équipes, à planifier vos projets, à gérer les flux de trésorerie, la dotation en personnel et à répartir les tâches et les ressources. La liste est interminable. Et pendant tout ce temps, vous vous efforcez de commercialiser vos produits et services, en échangeant des messages et des appels téléphoniques avec vos clients existants et potentiels.

Comment pouvez-vous prendre une partie des tâches fastidieuses sur vos épaules ? La mise en œuvre de la technologie appropriée peut être la réponse à vos besoins. C'est la solution que choisissent de plus en plus d'entreprises. L'enquête mondiale 2020 de **McKinsey & Company** a révélé que 66 % des organisations de divers secteurs testaient ou avaient déjà adopté l'automatisation d'au moins un de leurs processus métier.

Si vous souhaitez profiter de la technologie de pointe, connaître les options viables et leurs principales capacités vous aidera à sélectionner la solution qui répond le mieux à vos besoins.

Dans ce chapitre, j'ai compilé une liste de dix outils de gestion d'entreprise fondamentaux qui peuvent rationaliser vos opérations et augmenter votre efficacité. Pour vous aider à choisir la meilleure option pour la gestion de votre petite entreprise, nous discuterons également des avantages et des inconvénients de l'utilisation d'une combinaison d'outils individuels et d'une solution unifiée, telle que Caflou, qui concentre plusieurs fonctions de gestion d'entreprise sur une solution tout-en-un.

Vous pouvez considérer un logiciel de gestion d'entreprise comme une application qui aide les entreprises à améliorer leurs processus en automatisant l'exécution des tâches et des fonctions de routine. Ces outils sont conçus pour libérer les propriétaires et les dirigeants d'entreprise des activités chronophages à faible valeur ajoutée. Ils améliorent divers aspects des opérations commerciales - du suivi du temps à la gestion des flux de travail et des relations clients, en passant par la facturation et le reporting.

Pourquoi investir dans des outils de gestion pour votre petite entreprise ?

Les solutions modernes peuvent apporter de multiples avantages à votre entreprise :

- Un logiciel dédié peut vous faire gagner du temps, vous permettant de vous concentrer sur des tâches directement liées à la progression de votre entreprise.

Les outils de gestion peuvent vous faire économiser de l'argent. Ces économies peuvent être exprimées en :

- ✓ Meilleur service client et fidélisation grâce à l'utilisation d'outils CRM
- ✓ Identifier des moyens d'investir plus rentables en obtenant des informations sur vos flux de trésorerie grâce à des solutions de gestion des flux de trésorerie
- ✓ Éviter les erreurs coûteuses et la perte d'informations grâce aux outils de gestion de documents
- ✓ Augmenter la productivité en vous permettant, à vous et à votre équipe, de mieux vous concentrer sur les activités en cours sans oublier ou manquer les prochaines avec des solutions de planification et de suivi du temps

- • Les outils de gestion numériques s'inscrivent dans les nouvelles tendances commerciales des interactions limitées en personne et d'un mode de fonctionnement à distance. Ils aident les entreprises à résoudre les problèmes de santé et à maintenir la conformité réglementaire.

Maintenant que vous connaissez le nom du jeu, examinons de plus près les solutions essentielles que vous pouvez facilement adopter dans vos opérations.

Top 10 des outils de gestion pour les petites entreprises

- **Outils de gestion de projet**

Un logiciel de gestion de projet est une excellente option si vous jonglez avec plusieurs tâches à la fois.

Ces outils peuvent générer et envoyer automatiquement des rappels pour les tâches et événements à venir, en gardant tout le monde informé de tout ce qui concerne l'agenda du projet, y compris des détails tels que l'heure, le lieu et le budget de l'événement.

TRELLO est notre premier favori dans cette catégorie. Cet outil convivial améliore la collaboration et l'efficacité de l'équipe en fournissant des tableaux, des listes et des cartes.

TRELLO permet une visualisation claire de l'organisation du projet, de l'attribution des tâches et de la planification budgétaire à l'aide de modèles personnalisables. Il garantit des flux de travail transparents dans toute l'entreprise et un suivi facile des progrès.

- **Logiciel de GRC**

La gestion de la relation client est un outil commercial important offrant aux petites entreprises un hub central pour gérer et mesurer les performances à tous les points de contact du parcours client. Vous pouvez savoir qui visite votre site Web et reçoit, ouvre et lit vos e-mails.

La mise en œuvre d'une bonne solution CRM vous aidera également à garder vos informations client organisées et facilement accessibles à d'autres plates-formes grâce à des capacités d'intégration étendues.

L'outil CRM axé sur les transactions Pipedrive propose une interface intuitive et une synchronisation des appels et des e-mails.

- **Logiciel de communication en milieu de travail**

Au fur et à mesure que votre entreprise se développe, vous avez besoin d'outils de communication numériques modernes pour permettre à votre équipe de rester en contact grâce au chat et au partage de fichiers.

Vous pouvez utiliser un outil de messagerie instantanée, tel que Slack, Skype, Whatsapp, Viber ou Facebook Messenger pour communiquer instantanément en échangeant du texte, des images, des vidéos, des fichiers ou des liens Web avec d'autres personnes au sein de votre entreprise. La vidéoconférence est une autre option pour faciliter la communication sur le lieu de travail, particulièrement pertinente pour les modalités de travail à distance.

C'est un substitut efficace aux réunions en face à face et vous aide à garder votre équipe sur la même longueur d'onde.

Microsoft Teams est une excellente plateforme qui connecte les collègues. Outre ses principales conversations vidéo en temps réel, il offre des fonctionnalités de partage de données et d'écran et permet une grande personnalisation.

L'outil est livré avec une capacité d'enregistrement et de multiples options d'intégration.

- **Logiciel RH**

En tant que propriétaire d'une petite entreprise gérant moins d'employés, vous envisagez peut-être une solution RH comme un investissement redondant. Quel que soit le nombre de membres de votre équipe, vous devez toujours gérer des tâches RH qui peuvent peser sur votre productivité et votre temps. Le logiciel RH est l'outil idéal pour rationaliser le processus de recrutement et d'embauche et faciliter l'intégration, la formation et les avantages sociaux des employés.

SnapHRM offre des fonctionnalités RH de base qui vous permettent de gérer votre équipe, telles qu'une base de données des employés, la gestion de la paie, le suivi des présences et la gestion des jours de congé.

Vous pouvez également créer des offres d'emploi et les partager sur des plateformes dédiées pour toucher davantage de candidats potentiels. SnapHRM est gratuit pour les entreprises de moins de cinq employés, ce qui le rend particulièrement pertinent pour les petites entreprises.

- **Gestion des effectifs**

Vous pouvez compter sur ces outils pour gérer la planification de la charge de travail future de votre équipe et l'ordonnancement des quarts de travail en fonction de leur capacité.

Vous pouvez également consulter les données historiques des performances de vos employés et les mettre en œuvre pour optimiser votre main-d'œuvre. Les outils de gestion de la main-d'œuvre peuvent fournir des informations économiques sur l'efficacité de votre équipe en établissant un lien entre leur coût et les bénéfices de l'organisation qu'ils réalisent.

Skedulo est un exemple d'application qui offre une interface claire et en temps réel pour faciliter la gestion d'horaires complexes.

Ce logiciel de gestion des effectifs est livré avec une application mobile permettant à vos employés sans bureau de voir les détails des tâches et de planifier les mises à jour.

- **Outils de reporting du travail**

Un outil de reporting fournit des informations sur le travail effectué ou le temps passé sur une tâche particulière par un employé. Il vous permet de déterminer la productivité et l'efficacité de votre équipe.

TOGGL, par exemple, dispose d'une fonction de suivi et fournit des informations précieuses sur les performances de votre main-d'œuvre.

TOGGL offre une vue d'ensemble dans un tableau de bord intuitif, améliorant la transparence et la responsabilité.

Vous pouvez également consulter ClicData et GROW qui proposent des rapports et des analyses pour les petites entreprises.

- **Logiciel de trésorerie**

Le logiciel de gestion de trésorerie est conçu pour aider les entreprises à gérer les flux de fonds entrants et sortants. Il vous aide à maintenir un flux de trésorerie positif et fournit des prévisions de flux de trésorerie futurs basées sur des données.

CASHANALYTICS automatise les tâches administratives et optimise les prévisions de trésorerie et de liquidité.

CASHANALYTICS propose un reporting personnalisable des flux de trésorerie en temps réel pour répondre aux besoins spécifiques des entreprises.

- **Logiciel de facturation**

Les outils de facturation produisent la facturation des services et des produits et fournissent des informations historiques sur vos finances. Ces solutions sont généralement accompagnées de modèles personnalisables qui simplifient la génération de factures.

L'outil Web Invoice Simple est une option viable et facile à utiliser pour les petites entreprises. Il est conçu pour produire des factures basées sur des estimations et ajouter des détails tels que les détails d'expédition, la date d'échéance et les remises applicables.

Invoice Simple est livré avec une application mobile qui vous permet de gérer votre facturation lors de vos déplacements. La solution vous aide à passer à un bureau sans papier.

- **Outils de gestion de documents**

Ils sont conçus pour stocker, gérer et suivre les documents électroniques en toute sécurité et permettent également la collaboration.

Google Drive est un excellent choix pour les petites entreprises. Il fournit 15 Go de stockage cloud gratuit et rationalise le partage de fichiers et la collaboration.

La solution offre une sécurité renforcée et des protections intégrées contre les logiciels malveillants, les spams et les ransomwares.

- **Calendrier**

La mise en œuvre d'un logiciel de calendrier peut permettre d'optimiser votre temps.

Appointy automatise la prise de rendez-vous, améliore la planification du personnel et améliore la gestion des clients.

Il convient mieux aux secteurs tels que la santé et le bien-être, la vente au détail, l'éducation et l'informatique. L'outil vous permet de gérer les rendez-vous, d'envoyer automatiquement des rappels et d'accepter les réservations sur les réseaux sociaux et les prépaiements en ligne. Il s'intègre et se synchronise facilement avec le calendrier Google.

Sachez vendre votre business

Vous devez faire connaître vos produits et services, mais quelle est la meilleure façon de promouvoir votre entreprise ? Heureusement, vous avez des options. En plus des méthodes éprouvées de promotion commerciale, l'essor des médias sociaux a créé une abondance de nouvelles opportunités de marketing. Il est maintenant plus facile et plus abordable que jamais de faire de la publicité. Apprenez-en davantage sur la façon de promouvoir votre entreprise grâce à ces conseils sur le marketing numérique et les médias sociaux.

Pourquoi la promotion de votre entreprise est importante

Avec une telle concurrence de la part des grandes entreprises, il est essentiel que les petites entreprises utilisent les ressources dont elles disposent pour promouvoir leurs produits et services. Passer le mot n'a pas à être une morne mission de porte-à-porte, non ! Au lieu de cela, pensez à une grande ouverture fastueuse et amusante pour ravir les nouveaux arrivants. Pensez à des stratégies gratuites et efficaces en ligne ! Et pensez à faire un si bon travail dans la gestion de votre petite entreprise que vos clients ne peuvent s'empêcher de vous aimer. Voilà une puissante équation de promotion !

La promotion est un pilier du marketing des petites entreprises

Le marketing des petites entreprises prend de nombreuses formes, mais certains concepts de base constituent la base du succès. Les « 4 P » du marketing, souvent appelés « marketing mix », sont un concept qui a été développé pour la première fois dans les années 1960 pour définir les aspects les plus importants d'un marketing solide.

Le mix marketing comprend :

Produit/Service : Quel est votre produit ou service, et quelle valeur apporte-t-il ? Afin de commercialiser efficacement votre produit ou service, vous devez comprendre les problèmes qu'il résout, ce qui le différencie des produits et services de vos concurrents et les avantages qu'il offre aux acheteurs.

Prix : Le prix d'un produit est un élément essentiel de sa commercialisation. Par exemple, le marketing et la publicité pour un produit de luxe peuvent mettre l'accent sur la qualité, les garanties, la durée de vie du produit, etc. Pour un produit à prix réduit, vous insistez généralement sur les économies de coûts.

Lieu : Il s'agit du lieu et de la manière dont votre produit est vendu - en d'autres termes, vos canaux de distribution. Par exemple, vous pouvez vendre à la communauté locale dans votre magasin ou vendre au monde entier sur votre site Web de commerce électronique. Les entreprises B2B utilisent généralement des vendeurs pour vendre leur produit ou service.

Promotion : Le terme promotion est souvent utilisé de manière interchangeable avec la publicité ou le marketing. Cependant, en réalité, la promotion englobe ces deux activités, ainsi que les relations publiques, le bouche-à-oreille et plus encore. Essentiellement, la promotion est tout ce que vous faites pour faire connaître votre entreprise.

Les 12 façons les plus populaires de promouvoir votre entreprise

- **Profitez des annonces locales**

Enregistrez votre entreprise auprès de Google - ce sont les nouvelles pages jaunes. Il permet aux clients potentiels de trouver facilement l'emplacement et les heures d'ouverture de votre entreprise. Les clients peuvent également publier des avis sur votre entreprise. En créant un compte Google My Business, Ouvre la superposition compte, vous pouvez rendre votre entreprise plus visible dans les recherches en ligne, en étendant votre portée grâce à une forme de publicité gratuite.

- **Utilisez les réseaux sociaux**

Au fil du temps, les médias sociaux sont devenus de moins en moins un outil agréable à avoir et davantage une nécessité commerciale. Ces plateformes vous permettent d'informer, d'attirer et d'interagir activement avec vos abonnés. Mieux encore, il est entièrement gratuit de créer un compte professionnel sur la plupart des sites de médias sociaux, ce qui en fait l'un des moyens les plus abordables de faire de la publicité pour votre entreprise. Cependant, la création de publications payantes et d'autres formes de publicités sur les réseaux sociaux nécessitera toujours un investissement.

- **Créez du contenu engageant**

Le contenu est la clé pour diffuser la notoriété de la marque et se connecter avec votre public cible. En créant un contenu engageant et informatif, que ce soit via un blog, des didacticiels vidéo ou des infographies, vous pouvez montrer votre expertise du secteur et instaurer la confiance avec votre public.

• Optimisez le référencement de votre site Web

L'optimisation des moteurs de recherche (SEO) aide votre site Web à apparaître plus haut dans les classements de recherche Google. L'utilisation de mots clés pertinents dans les pages Web et les articles de blog de votre entreprise augmente les chances que les utilisateurs trouvent votre site lorsqu'ils recherchent en ligne des entreprises comme la vôtre. Cependant, le référencement implique bien plus que l'utilisation de mots clés.

Il est donc utile de faire des recherches en ligne ou de trouver un livre qui explique comment optimiser les performances de votre site sur les moteurs de recherche. Vous pouvez également envisager de faire appel à une agence de référencement pour vous aider à optimiser votre site Web.

• Créez des communiqués de presse

Chaque fois que votre entreprise fait quelque chose de notable ou d'intéressant, rédigez un communiqué de presse à envoyer à vos organes de presse locaux. Ces publications recherchent activement des histoires intéressantes et utilisent souvent des communiqués de presse pour créer des articles. Lorsqu'ils le font, cela donne à votre entreprise une publicité et une distribution gratuites, vous permettant d'atteindre un public beaucoup plus large.

• Impliquez-vous dans une communauté en ligne

L'un des meilleurs moyens de promouvoir votre entreprise consiste à rejoindre une communauté en ligne spécifique à l'industrie. Concentrez-vous sur l'établissement de liens avec les membres en contribuant activement aux conversations.

Vous pouvez vous bâtir une réputation dans votre domaine en publiant des commentaires sur des blogs pertinents et même en proposant de rédiger des articles invités. Cela permettra non seulement d'élargir votre réseau, mais aussi de renforcer votre crédibilité et celle de votre entreprise.

- **Utilisez des visuels de haute qualité**

Les visuels sont essentiels. Investir dans un contenu visuel de haute qualité pour votre site et vos réseaux sociaux est un must. De nombreux utilisateurs se fient aux images pour décider qui suivre et avec quelles publications interagir. Envisagez d'inclure des photos ou des vidéos de vos produits, services, installations ou personnel.

- **Payer pour la publicité**

Si vous cherchez à étendre votre portée plus rapidement, l'achat d'espace publicitaire peut vous aider. Certaines des méthodes de publicité payante les plus populaires sont :

- ❑ Publicités à la télévision et à la radio : Cette forme traditionnelle de publicité coûte plus cher mais a une portée plus large que les autres méthodes.
- ❑ Publications sponsorisées sur les réseaux sociaux : vous pouvez payer pour transformer l'une des publications de votre entreprise sur les réseaux sociaux en publicité. Cette méthode vous permet de choisir un public cible, une région et la durée pendant laquelle vous souhaitez diffuser l'annonce.
- ❑ Annonces au paiement par clic : en utilisant ce modèle, vous payez des frais chaque fois que quelqu'un clique sur votre annonce. Les moteurs de

recherche comme Google offrent ce service dans lequel votre annonce apparaît en haut d'une page de résultats pour les mots-clés que vous avez sélectionnés.

- **Participer à des événements locaux et communautaires**

Si vous exploitez une entreprise locale, assister à des événements - virtuellement et en personne - où votre public cible sera probablement un excellent moyen de réseauter. Rencontrez d'autres propriétaires d'entreprise et des clients potentiels tout en faisant la promotion de votre entreprise de près et personnellement.

- **Mise en place lors de salons professionnels**

Les salons professionnels rassemblent des acheteurs et des vendeurs d'industries de niche, vous donnant accès à de véritables prospects. Bien que l'installation d'un salon professionnel puisse être coûteuse, de nombreuses entreprises bénéficient d'un retour sur investissement important. Recueillez des informations de contact pendant que vous êtes au salon pour informer vos efforts de marketing par e-mail après l'événement.

- **Organisez un atelier ou un webinaire**

L'enseignement peut vous aider à vous faire connaître et à vous positionner comme une autorité dans votre domaine. Envisagez d'organiser des ateliers et des présentations en ligne ou en personne, en particulier si votre entreprise implique des compétences spécialisées ou des informations techniques. Vous fournirez des connaissances précieuses aux clients potentiels, nouerez des contacts dans votre secteur et aurez l'occasion de recueillir les coordonnées des participants.

- **Offrir un produit/service à prix réduit ou gratuit**

Les remises de lancement et les essais gratuits attirent de nouveaux clients en offrant des incitations à leur intérêt. Vous pouvez également encourager les références en proposant aux clients des offres qu'ils peuvent partager. D'autre part, des échantillons et des essais gratuits donnent aux clients potentiels la possibilité d'essayer votre produit ou service sans engagement financier. Cela renforce la confiance et permet à votre travail de parler de lui-même.

Investissez dans votre rêve et faites la promotion de votre entreprise. Bien que chacun de ces conseils puisse être efficace en soi, les combiner peut être encore plus puissant. Parlez à un expert des services bancaires aux entreprises pour savoir comment un compte bancaire d'entreprise peut aider votre entreprise à atteindre son plein potentiel.

En résumer, je vous recommande de :

❑ **Créez une image de marque pour vous démarquer parmi la foule.**

Seth Godin a dit un jour : *"Une marque est l'ensemble des attentes, des souvenirs, des histoires et des relations qui, pris ensemble, expliquent la décision d'un consommateur de choisir un produit ou un service plutôt qu'un autre."*

Essentiellement, une image de marque est votre identifiant - comment vous restez dans la tête du public. Il est construit à partir des valeurs de votre entreprise, de la façon dont vous vendez et des sentiments que vous souhaitez évoquer lorsque les clients interagissent avec vos produits.

Une identité de marque est ce que votre public reconnaît comme unique à votre entreprise, qu'il s'agisse d'une réputation, d'un slogan, d'un logo ou d'un produit. Ces facteurs travaillent ensemble pour créer l'identité holistique de votre marque.

Par exemple, si vous pensez à l'une de vos entreprises préférées, vous pouvez identifier des choses à son sujet, n'est-ce pas ? Comment les produits vous font-ils sentir, à quoi ressemble le logo, pourquoi vous êtes un client et quel est le but de l'entreprise.

Prenez Spotify, une entreprise avec une forte identité de marque.

Quand je pense à Spotify, je pense à leur logo vert, à leur accessibilité en tant que service de streaming, à la façon dont la qualité audio me permet de rester un client fidèle et à leur slogan : "De la musique pour tous".

Pour créer une identité de marque, réfléchissez à la façon dont vous souhaitez créer de la crédibilité, établir votre entreprise dans votre secteur et intégrer votre mission dans tous vos supports de communication. Vous pouvez utiliser des outils marketing tels que les ressources de marque de HubSpot pour vous aider tout au long du processus.

L'identité de marque vous aide à rester dans l'esprit des clients. S'ils oublient, par exemple, le nom de votre entreprise, ils peuvent toujours vous identifier par différents facteurs de votre identité, comme votre logo.

❏ Connaitre votre public et ce à quoi il réagit

Avoir une bonne idée de votre public vous aide à identifier leurs désirs et leurs défis. De plus, connaître votre public établit une fidélité à la marque et les rend plus susceptibles de défendre votre marque auprès des autres.

Pour trouver votre audience, commencez par créer un buyer persona, si vous n'en avez pas. Les personnalités de l'acheteur sont des versions fictives de votre client idéal qui identifient leurs défis et leurs désirs. De plus, vous pouvez consulter les données que vous avez collectées pour avoir une idée plus globale de la façon dont votre public réagit à votre entreprise jusqu'à présent.

Avec des outils tels que le logiciel marketing de HubSpot, vous pouvez créer des enquêtes, segmenter votre audience et surveiller les retours et les commentaires laissés par les clients, le tout au même endroit. Cela permet de garder vos données accessibles, automatisées et exactes.

Créer du contenu en pensant à vos clients les ravit, et les clients ravis aiment partager leurs marques préférées avec le monde, en faisant la promotion de votre entreprise grâce au marketing de bouche à oreille. Cela commence par connaître votre public.

❏ Commencez à utiliser les médias sociaux pour étendre votre portée.

J'ai trouvé la plupart de mes marques préférées actuelles sur les réseaux sociaux - et c'est généralement en tombant sur un message ou un tweet que je me sens connecté à la marque.

Le marketing des médias sociaux est important à inclure dans les efforts de promotion, car c'est ainsi que vous pouvez interagir avec votre public. De plus, vous pouvez renforcer la notoriété de la marque, surveiller la stratégie des concurrents, identifier ce qui fonctionne pour eux et générer des prospects. Si vous n'avez pas de compte sur les réseaux sociaux, c'est une bonne idée d'en créer un dès que possible.

Vous avez peut-être déjà créé des comptes sur les réseaux sociaux, mais vous ne savez pas comment les utiliser pour promouvoir votre entreprise. Gardez à l'esprit que différentes plates-formes sont les meilleures pour différents objectifs commerciaux.

Par exemple, l'audience de Twitter est principalement composée de milléniaux, a un impact à la fois sur les secteurs B2B et B2C et est idéale pour le service client.

Alternativement, LinkedIn a un public plus âgé (professionnels en activité), a un impact sur l'industrie B2B et est le meilleur pour favoriser les relations professionnelles et développer des objectifs commerciaux.

En connaissant ces informations, vous êtes idéalement en mesure d'identifier correctement comment chaque réseau social peut vous aider à atteindre un sous-ensemble de vos objectifs marketing globaux et à atteindre votre ou vos publics cibles sur les plateformes qu'ils préfèrent.

Pour organiser vos objectifs commerciaux, identifiez comment vous souhaitez que les médias sociaux accomplissent la promotion de votre entreprise et élaborez une stratégie pour vous aider.

Le contenu d'une stratégie de médias sociaux doit inclure un contenu unique, un calendrier, la collecte de données et la détermination des plates-formes sur lesquelles vous vous concentrerez.

Une fois que vous avez trouvé votre public sur les réseaux sociaux et que vous répondez à ses intérêts avec votre contenu, vous pouvez vous engager avec lui à un niveau personnel et commencer à construire votre communauté.

Si vous ne savez pas comment procéder, consultez notre cours accéléré sur le marketing des médias sociaux.

❏ Utilisez une stratégie de marketing par e-mail.

Une stratégie de marketing par e-mail peut être un moyen de promouvoir des éléments passionnants de votre marque auprès d'audiences segmentées qui ont manifesté un intérêt pour votre marque. Le marketing par e-mail partage (et fait connaître) le contenu que votre public considérera comme précieux, comme les offres exclusives, les codes de réduction et les préventes de nouveaux produits.

De même, du côté de la création de leads, le marketing par e-mail peut inviter des abonnés potentiels à échanger leurs informations sur un formulaire pour obtenir un contenu précieux, comme un ebook gratuit. Ensuite, vous pouvez nourrir ces prospects en envoyant un contenu attrayant qui aide votre public à atteindre ses objectifs.

Comment commencer à préparer une stratégie d'email marketing ? Le moyen le plus simple consiste à utiliser un système de gestion de contenu (CMS) avec des outils qui vous aident à créer et à surveiller des listes de diffusion.

Par exemple, le logiciel de marketing par e-mail de HubSpot permet aux utilisateurs de créer et de gérer des listes.

❏ Interagissez avec votre public pour créer une communauté.

S'engager avec votre public est l'un des moyens les plus efficaces de faire des recherches d'audience. Quelle meilleure façon de savoir ce qui motive votre public que de lui demander ?

L'engagement du public peut vous donner des informations fructueuses sur la façon de créer des campagnes qui serviront de promotion efficace, tout en permettant à vos prospects de se sentir connectés à votre marque.

Il existe une myriade de façons d'interagir avec le public. Si vous avez répondu aux commentaires, posé des questions qui invitent à la participation et republié du contenu généré par les utilisateurs sur les réseaux sociaux, vous êtes déjà bien parti. Ces tactiques peuvent vous amener à communiquer avec le public d'une manière qui résonne avec lui.

Vous pouvez également encourager les abonnés aux e-mails à laisser un score de promoteur net de votre entreprise afin que vous puissiez identifier des moyens d'améliorer l'expérience client et, en fin de compte, amener des clients satisfaits à recommander votre service à un ami.

De la même manière, essayez de vous engager avec votre industrie pour promouvoir votre entreprise. Écrire un article invité pour le blog d'un concurrent et brancher votre entreprise est un excellent moyen d'élargir votre audience.

Et pour ceux qui n'ont pas le trac, organiser un webinaire sur un sujet de l'industrie ou parler dans une université locale de votre carrière renforce votre crédibilité et génère des prospects. (N'oubliez pas LinkedIn - le réseautage sur la plate-forme peut vous aider à trouver des professionnels de l'industrie et des contacts universitaires).

❑ **Optimisez votre contenu pour être trouvé.**

L'optimisation des moteurs de recherche (SEO), en un mot, aide le contenu de votre entreprise à être trouvé sur Google.

L'optimisation de votre site Web pour la recherche peut le faire sortir d'un plateau de trafic et générer des prospects.

Une grande chose à propos du référencement est qu'il y a des choses que vous pouvez faire dès maintenant pour l'améliorer. Par exemple, une tactique que vous pouvez utiliser pour améliorer le référencement consiste à ajouter du texte alternatif aux images. Alt-text est une courte description qui indique à Google ce qui se passe dans l'image.

Développer une stratégie de référencement robuste est essentiel pour vous assurer que votre entreprise est trouvée par le bon public. Par exemple, si votre entreprise développe un logiciel de vente, vous souhaitez figurer sur la page de résultats des moteurs de recherche (SERP) pour ceux qui recherchent "logiciel de vente".

Le référencement n'est pas une solution miracle pour promouvoir votre entreprise. Il faut du temps pour cibler des mots-clés, créer des CTA et viser des extraits en vedette. Même ainsi, l'optimisation du contenu a un énorme avantage.

De plus, nous sommes en 2020 - il existe des outils logiciels de référencement pour vous aider à démarrer le processus.

Les stratégies pour promouvoir votre entreprise sont à portée de main, et avec une planification et une exécution appropriées, vous pouvez étendre votre portée à un public plus large. Toutes les entreprises n'ont pas besoin d'un Shaq pour prospérer - juste de la patience, des connaissances sur votre entreprise et votre public, et de la cohérence.

Rappelez-vous que toutes les histoires de réussite ne sont pas du jour au lendemain. Votre entreprise se développe au fil du temps, tout comme votre public si vous l'abordez de la bonne manière. J'ai hâte que votre entreprise soit celle dont je tombe amoureux la prochaine fois.

Trouver un emplacement commercial

Les raisons pour lesquelles l'emplacement est important

Décider où implanter une entreprise a toujours été important. L'emplacement joue un rôle énorme dans l'attraction et la rétention des meilleurs employés, dont beaucoup surveillent de près leur lieu de résidence afin d'optimiser l'équilibre travail-vie personnelle.

De bonnes décisions d'implantation peuvent considérablement améliorer les performances à long terme d'une entreprise.

Nous rencontrons fréquemment des entreprises dont la présence ou l'absence de stratégies de prise de décision en matière de localisation a des conséquences à long terme. Dans un cas, une entreprise a décidé de décentraliser pour réduire ses coûts.

Les dépenses immobilières ont en effet été réduites, mais le déménagement a également entraîné la perte de talents et de clients, ce qui a coûté à l'entreprise jusqu'à des millions de dollars.

Dans ce cas, quitter un emplacement stratégique important s'est avéré être un désastre.

En plus d'éviter les catastrophes, pourquoi voudriez-vous être plus stratégique dans la prise de décision de localisation ?

- **Attirer et retenir les talents**

Dans la plupart des cas, cela signifie un emplacement en centre-ville. Les villes attirent un nombre croissant de jeunes et de personnes internationales. Ces lieux deviennent également accessibles.

- **Frais immobiliers**

Il s'agit de la deuxième dépense la plus importante après les coûts de main-d'œuvre, ce qui garantit naturellement l'efficacité de l'immobilier.

- **Grappes**

Disposer d'un réseau d'entreprises connectées pourrait donner aux entreprises l'accès à un vivier de talents de meilleure qualité, à des organismes de réglementation, à des investisseurs et à des économies d'échelle. Cependant, cela pourrait être coûteux ; pesez le pour et le contre et décidez ce qui est important pour votre organisation.

- **Croissance ou changement de stratégie, de technologie ou de direction de l'entreprise**

Différentes structures travaillent pour différentes entreprises. Dans certains cas, j'ai vu des entreprises opter pour un hub central avec des espaces de réunion tout en étant soutenues par plusieurs rayons plus petits ailleurs. Pendant ce temps, d'autres maintiennent un grand siège social situé au centre. Encore une fois, considérez ce qui fonctionne le mieux pour la fonction de votre organisation.

- ## Dynamisme de la ville

En Europe, certains gouvernements transfèrent le pouvoir aux régions et aux villes, qui pourraient offrir des subventions et des incitations aux entreprises. Soyez conscient des centres urbains émergents qui encouragent les entreprises, car cela pourrait s'avérer avantageux.

- ## Accessibilité

Cela semble simple, mais qu'il s'agisse d'accéder à de nouveaux marchés, clients ou ressources, le transport est crucial non seulement pour vos employés, mais aussi pour tous ceux avec qui vous travaillez pour vous déplacer efficacement.

Les décisions de localisation peuvent être longues. Cela implique d'identifier les besoins de l'entreprise, de consulter les parties prenantes, d'évaluer les emplacements potentiels, d'effectuer des visites de sites et de négocier la meilleure offre.

10 choses à considérer lors du choix d'un emplacement pour votre entreprise

Avant de commencer à magasiner pour un espace professionnel, vous devez avoir une idée claire de ce que vous devez avoir, de ce que vous aimeriez avoir, de ce que vous ne tolérerez absolument pas et du prix que vous êtes en mesure de payer. Développer cette image peut être un processus long, à la fois passionnant et fastidieux, mais il est essentiel que vous lui accordiez l'attention qu'elle mérite. Alors que de nombreuses erreurs de démarrage peuvent être corrigées par la suite, un mauvais choix d'emplacement est parfois impossible à réparer.

Soyez systématique et réaliste lorsque vous considérez les 10 points de localisation suivants.

• Mode de fonctionnement

Votre opération sera-t-elle formelle et élégante ? Ou décontracté ? Votre emplacement doit être cohérent avec votre style et votre image particuliers.

Si votre entreprise vend au détail, voulez-vous un magasin traditionnel ou aimeriez-vous essayer d'opérer à partir d'un kiosque ou d'un kiosque dans un centre commercial ou d'un chariot que vous pouvez déplacer à divers endroits ?

• Démographie

Il y a deux angles importants à la question de la démographie. Tout d'abord, considérez qui sont vos clients et l'importance de leur proximité avec votre emplacement.

Pour un détaillant et certains fournisseurs de services, cela est essentiel ; pour d'autres types d'entreprises, ce n'est peut-être pas aussi important. Le profil démographique que vous avez de votre marché cible vous aidera à prendre cette décision.

Ensuite, jetez un œil à la communauté. Si votre clientèle est locale, un pourcentage suffisant de cette population correspond-il à votre profil client pour soutenir votre entreprise ? La communauté a-t-elle une base économique stable qui fournira un environnement sain pour votre entreprise ? Soyez prudent lorsque vous considérez les communautés qui dépendent largement d'une industrie particulière pour leur économie ; un ralentissement pourrait être mauvais pour les affaires.

Pensez maintenant à votre force de travail. De quelles compétences avez-vous besoin et des personnes possédant ces talents sont-elles disponibles ? La communauté a-t-elle les ressources pour répondre à ses besoins ? Y a-t-il suffisamment de logements dans la gamme de prix appropriée ? Vos employés trouveront-ils les écoles, les possibilités de loisirs, la culture et d'autres aspects de la communauté satisfaisants ?

- **Circulation piétonnière**

Pour la plupart des commerces de détail, la circulation piétonnière est extrêmement importante. Vous ne voulez pas être caché dans un coin où les acheteurs sont susceptibles de vous contourner, et même les meilleures zones de vente au détail ont des points morts. En revanche, si votre entreprise exige la confidentialité, vous ne voudrez peut-être pas être situé dans une zone à fort trafic.

Surveillez la circulation à l'extérieur d'un emplacement potentiel à différents moments de la journée et à différents jours de la semaine pour vous assurer que le volume de circulation piétonne répond à vos besoins.

- **Accessibilité et stationnement**

Tenez compte du degré d'accessibilité de l'installation pour tous ceux qui l'utiliseront : clients, employés et fournisseurs. Si vous êtes dans une rue passante, est-il facile pour les voitures d'entrer et de sortir de votre parking ? L'établissement est-il accessible aux personnes handicapées ? Quel type de livraisons êtes-vous susceptible de recevoir, et vos fournisseurs seront-ils en mesure d'acheminer facilement et efficacement les matériaux vers votre entreprise ? Les coursiers de petits colis doivent entrer et sortir rapidement ; Les entreprises de camionnage ont besoin de routes et de quais de chargement adéquats si vous devez recevoir du fret sur des palettes.

Renseignez-vous sur les jours et les heures de service et l'accès aux emplacements que vous envisagez. Les systèmes de chauffage et de refroidissement sont-ils laissés allumés ou éteints la nuit et le week-end ?

Si vous êtes à l'intérieur d'un immeuble de bureaux, y a-t-il des périodes où les portes extérieures sont verrouillées et, si oui, pouvez-vous avoir des clés ?

Un bel immeuble de bureaux à un prix avantageux est une mauvaise affaire si vous prévoyez de travailler le week-end mais que le bâtiment est fermé le week-end - ou ils vous permettent d'y accéder, mais la climatisation et le chauffage sont éteints, vous rôtissez donc en été et gelez en hiver.

Assurez-vous qu'il y a un grand parking pratique pour les clients et les employés. Comme pour la circulation piétonnière, prenez le temps de surveiller l'installation à différents moments et jours pour voir comment la demande de stationnement fluctue. Assurez-vous également que le stationnement est bien entretenu et bien éclairé.

- **Concurrence**

Des entreprises concurrentes sont-elles situées à proximité ? Parfois, c'est une bonne chose, comme dans les industries où les achats comparatifs sont populaires. Vous pouvez également attraper le débordement des entreprises existantes, en particulier si vous êtes situé dans une zone de restauration et de divertissement.

Mais si un concurrent proche ne fait que rendre votre travail de marketing plus difficile, cherchez ailleurs.

- **Proximité avec d'autres commerces et services**

Jetez un coup d'œil aux autres entreprises et services à proximité sous deux angles clés. Tout d'abord, voyez si vous pouvez bénéficier des entreprises à proximité - par le trafic client qu'elles génèrent - parce que ces entreprises et leurs employés pourraient devenir vos clients, ou parce qu'il peut être pratique et efficace pour vous d'être leur client.

Deuxièmement, regardez comment ils enrichiront la qualité de votre entreprise en tant que lieu de travail. Le voisinage a-t-il une sélection adéquate de restaurants pour que vos employés aient des endroits où aller déjeuner ?

Y a-t-il une garderie à proximité pour les employés avec enfants ? Y a-t-il d'autres magasins et services que vous et vos employés voudriez peut-être trouver à proximité ?

- **Image et histoire du site**

Que dit cette adresse sur votre entreprise ? En particulier si vous ciblez un marché local, assurez-vous que votre emplacement reflète fidèlement l'image que vous souhaitez projeter. C'est aussi une bonne idée de vérifier l'histoire du site. Considérez comment il a évolué au fil des ans.

Renseignez-vous sur les anciens locataires. Si vous ouvrez un restaurant où cinq restaurants ont échoué, vous commencez peut-être avec un handicap insurmontable, soit parce qu'il y a un problème avec l'emplacement, soit parce que le public supposera que votre entreprise suivra le chemin des locataires précédents. Si plusieurs types d'entreprises ont été là et ont échoué, faites des recherches pour savoir pourquoi - vous devez confirmer si le problème était lié aux entreprises ou à l'emplacement. Que les occupants précédents aient connu un succès retentissant est certainement un bon signe, mais tempérez cela avec des informations sur le type d'entreprises qu'ils étaient par rapport à la vôtre.

- **Ordonnances**

Découvrez si des ordonnances ou des restrictions de zonage pourraient affecter votre entreprise de quelque manière que ce soit. Vérifiez l'emplacement spécifique que vous envisagez ainsi que les propriétés voisines - vous ne voulez probablement pas qu'un magasin d'alcools s'ouvre à côté de votre garderie.

- **L'infrastructure du bâtiment**

De nombreux bâtiments plus anciens ne disposent pas de l'infrastructure nécessaire pour répondre aux besoins de haute technologie des opérations contemporaines.

Assurez-vous que le bâtiment dispose d'un service d'électricité, de climatisation et de télécommunications adéquat pour répondre à vos besoins actuels et futurs. C'est une bonne idée d'engager un ingénieur indépendant pour vérifier cela pour vous afin que vous soyez sûr d'avoir une évaluation objective.

• Services publics et autres coûts

Le loyer constitue la majeure partie de vos dépenses d'installations courantes, mais tenez compte des extras tels que les services publics - ils sont inclus dans certains baux mais pas dans d'autres. S'ils ne sont pas inclus, demandez à la compagnie de services publics un résumé de l'utilisation et de la facturation de l'année précédente pour le site. Renseignez-vous également sur le type de dépôt de garantie exigé par les différents fournisseurs de services publics afin de pouvoir élaborer un budget d'emménagement précis ; cependant, vous n'aurez peut-être pas besoin d'un acompte si vous avez un dossier de paiement établi avec l'entreprise.

Si vous devez fournir votre propre service de conciergerie, combien cela coûtera-t-il ? Quels sont les taux d'assurance pour la région ? Dois-tu payer un supplément pour le stationnement ? Tenez compte de toutes vos dépenses liées à l'emplacement et tenez-en compte dans votre décision.

Conclusion

Cher lecteur,

Nous voici arrivés au terme de ce voyage passionnant à travers les méandres de l'entrepreneuriat. J'espère sincèrement que les pages que vous avez parcourues ont éveillé en vous une flamme d'inspiration et ont nourri votre esprit de connaissances précieuses. Notre quête commune pour lancer une entreprise prospère et épanouissante touche à sa fin, mais notre aventure ne fait que commencer.

Permettez-moi de conclure en partageant avec vous une histoire qui m'a profondément inspiré. Il s'agit de l'histoire de Jack Ma, le fondateur et président du groupe Alibaba. Au départ, Alibaba.com était simplement une plateforme visant à mettre en relation des fabricants chinois avec des acheteurs étrangers, contribuant ainsi à l'essor de l'e-commerce en Chine. Mais au fil du temps, cette humble initiative a connu une croissance phénoménale. Alibaba.com est devenue l'une des principales plateformes mondiales de commerce en ligne, offrant une vaste gamme de services aux entreprises et aux consommateurs.

L'histoire de Jack Ma m'a profondément inspiré lors de mes débuts en tant qu'entrepreneur, alors que je lançais mon premier projet visant à aider les artistes en créant une plateforme d'échange de produits. Je me suis retrouvé face à des défis considérables, notamment un manque d'investissement et une situation financière instable. Mais ma détermination était inébranlable. Je me suis rappelé l'histoire de Jack Ma, de son humble début à sa réussite éclatante. J'ai puisé dans sa persévérance et sa vision, et cela m'a donné la force de continuer malgré les obstacles. Et aujourd'hui, je suis fier de dire que les résultats ont été satisfaisants après quelques années d'efforts constants. J'ai réussi à consolider mon projet initial et je gère désormais un autre projet passionnant dans le domaine de la rédaction des livres. Cette aventure entrepreneuriale m'a permis de grandir en tant qu'individu et m'a ouvert de nouveaux horizons remplis de possibilités infinies.

Cher lecteur, je vous exhorte à embrasser votre propre parcours entrepreneurial avec la même détermination et la même passion qui m'animent. Le chemin devant vous peut sembler intimidant, semé d'embûches et d'incertitudes, mais c'est précisément dans ces moments de doute que se cachent les plus grandes opportunités de croissance et de succès.

Rappelez-vous que ce livre, "**LANCER SON ENTREPRISE**", n'est qu'une étape initiale, un tremplin vers de plus grandes réalisations. Utilisez les connaissances et les conseils que vous avez acquis pour établir des bases solides, mais n'oubliez pas que l'apprentissage ne s'arrête jamais. Continuez à vous informer, à vous former et à vous entourer de personnes qui partagent votre passion et votre vision.

N'ayez pas peur d'explorer de nouveaux horizons, d'innover et de sortir des sentiers battus. C'est là que les opportunités les plus excitantes se cachent. Prenez des risques calculés, apprenez de vos erreurs et ne laissez jamais la peur de l'échec vous décourager.

En conclusion, je souhaite vous remercier d'avoir pris le temps de vous plonger dans les pages de ce livre. J'espère qu'il a nourri votre esprit, éveillé votre curiosité et enflammé votre passion pour l'entrepreneuriat. L'aventure ne fait que commencer, et je suis convaincu que vous êtes prêt à affronter les défis qui se dresseront sur votre chemin.

Alors, cher lecteur, je vous laisse avec ces mots inspirants de Steve Jobs : "Soyez affamé, soyez fou." C'est le moment de lancer votre entreprise, de réaliser vos rêves et de laisser votre empreinte sur le monde.

Bon voyage, et que la réussite soit votre compagnon de route.

Mike M. Miller

Suivez-nous sur Facebook **Ivy_Edition**

www.ingramcontent.com/pod-product-compliance
Lightning Source LLC
Chambersburg PA
CBHW072312290526
45794CB00002B/626